TROISIÈME SUPPLÉMENT

AU

RÉSUMÉ ANALYTIQUE

DES

LOIS ET RÉGLEMENTS

DES DOUANES,

PAR

M. FASQUEL,

INSPECTEUR DES FINANCES, CHEVALIER DE LA LÉGION D'HONNEUR.

PRIX : { 3e SUPPLÉMENT 2 50
RÉSUMÉ, 1er ET 2e SUPPLÉMENT 13 »

A PARIS,

CHEZ RENARD à la Librairie du Commerce, rue Sainte-Anne, 71;

ET A BORDEAUX,

CHEZ LAWALLE neveu, Libraire, allées de Tourny, 20.

1839

Paris. — Imprimerie de PAUL DUPONT et Cie,
rue de Grenelle-St-Honoré, 55.

AVERTISSEMENT.

Le *troisième* supplément au *Résumé analytique des lois et règlements des douanes* conduit la législation jusqu'au 1er janvier 1839.

On n'a pas seulement rapporté, dans ce nouveau cahier, les actes législatifs, les ordonnances, décisions ministérielles, arrêts de la cour de cassation, etc., transmis circulairement en 1838, on y a inséré aussi plusieurs décisions administratives qui, par cela même qu'elles modifient plusieurs points du service, ont paru devoir être portées à la connaissance des agents de l'administration.

Le troisième supplément contient, en outre, un document qui devait naturellement y prendre sa place, et que l'on y trouvera sans doute avec plaisir; c'est le tableau général des droits de navigation rectifié d'après les modifications apportées tant par l'ordonnance royale du 23 juillet 1838, que par plusieurs décisions ministérielles ou administratives rendues depuis la publication du dernier tarif. On y trouvera également la nomenclature des marchandises de cabotage soumises au plombage lors de leur expédition, et celle des marchandises de transit qui doivent être accompagnées d'échantillons.

C'est ainsi que se complète successivement, comme on l'espérait, un recueil devenu de plus en plus indispensable à toutes les personnes qui ont des rapports avec les douanes.

On a continué de placer, à côté du numéro d'ordre, celui de l'article du *résumé*, ou de la *série des suppléments*, avec lequel la disposition nouvelle se lie. En émargeant à la main ce dernier article, du numéro d'ordre des suppléments, les recherches deviennent extrêmement faciles.

Une table alphabétique termine ce cahier.

ABRÉVIATIONS.

Art.	Article.
Ordonn.	Ordonnance.
Circ.	Circulaire.
Déc. minist.	Décision ministérielle.
Arr. de cass.	Arrêt de la Cour de Cassation.
Déc. admin.	Décision administrative.
Lett. admin.	Lettre administrative.
Tar. off.	Tarif officiel.
Circ. manus.	Circulaire manuscrite.
Rég.	Réglement.
Jug.	Jugement.
Supp.	Supplément.

TROISIÈME SUPPLÉMENT

AU

RÉSUMÉ ANALYTIQUE

DES LOIS ET RÉGLEMENTS

DES DOUANES.

TITRE III.

ÉTABLISSEMENT DES DROITS ET PERCEPTION.

APPLICATION DES DROITS.

Jury d'examen.

767 — 52 *bis.* Lorsque des doutes et difficultés s'élèvent entre la douane et le commerce, relativement à l'espèce, à l'origine ou à la qualité des produits, pour l'application des droits, des primes ou des priviléges coloniaux, les commissaires experts établis par la loi du 27 juillet 1822 et placés près du ministère du commerce, à qui ces doutes sont soumis, sont seuls compétents pour les lever. Les tribunaux ne peuvent juger ces sortes d'appréciations des marchandises. (*Loi du 27 juillet* 1822. *Arrêt de cass. du* 30 *avril* 1838. *Circ. du* 29 *juin suiv.*, *n°* 1693.)

TITRE IV.

POLICE DES CÔTES ET FRONTIÈRES.

POLICE EN DEÇA DES CÔTES.

Poursuite de la fraude.

767 *bis* — 81. Les préposés des douanes qui ont vu débarquer des marchandises en fraude à la côte peuvent légalement les saisir *à domicile*, alors que la poursuite *à vue* depuis le moment de l'introduction, n'a été interrompue que par l'effet de la résistance des prévenus, et que le fait d'introduction résulte, d'ailleurs, de l'existence d'une piste et d'autres circonstances mentionnées au procès-verbal. (*Jugement du tribunal civil d'Avesnes, du* 3 *mars* 1838.)

CIRCULATION DANS LES DEUX MYRIAMÈTRES FRONTIÈRES.

Expéditions à délivrer.

768—111. L'obligation de lever un passavant pour légitimer *la circulation* de toute marchandise dans le rayon frontière, est imposée, d'après l'article 84 de la loi du 8 floréal an 11, dans la distance de *deux myriamètres*, la police des douanes s'exerçant d'une manière absolue dans cette distance. (*Arrêt de cass. du* 23 *juillet* 1838. *Circ. du* 11 *septembre suiv.*, *n°* 1707.)

769—111 *bis.* Aucun transport de marchandises ne peut avoir lieu dans le rayon frontière *pendant la nuit*, sans un passavant qui en porte la permission expresse. Cette prescription n'est pas une simple recommandation ; les articles 7 et 8 de l'arrêté des consuls du 22 thermidor an 10 punissent l'infraction à cette règle, de la confiscation de la marchandise. (*Arrêt de cass. du* 23 *juillet* 1838. *Circ. du* 11 *septembre suiv.*, *n°* 1707.)

Route à suivre dans le rayon.

770 — 113. L'obligation imposée aux voituriers et conducteurs de marchandises, de suivre la route directe qui conduit aux bureaux des douanes (voir n° 342), ne s'applique pas seulement aux objets exportés ou importés ; la déviation du chemin direct est interdite aussi, lorsqu'il s'agit de la *circulation des marchandises*, avec une expédition de douane, dans le rayon frontière. (*Arrêt de cass. du* 23 *juillet* 1838. *Circ. du* 11 *septembre suiv.*, *n°* 1707.)

771 — 116. Un voiturier ou conducteur de marchandises, arrêté sans être muni de l'expédition de douane qui l'autorise à circuler dans le rayon frontière, ne pourrait s'excuser sur le motif que les employés ne délivrent pas habituellement cette sorte d'expédition, qu'autant qu'il justifierait, par un acte régulier, conformément à l'article 6, titre 3 de la loi du 22 août 1791, du refus qui lui a été fait. (*Arrêt de cass. du* 23 *juillet* 1838 *et circ. du* 11 *septembre suiv.*, *n°* 1707.)

Poursuite à vue.

772 — 120. La saisie faite *à domicile* par des préposés des douanes, d'objets introduits à la frontière, en fraude des droits ou au mépris de la prohibition, est valable alors que la *poursuite à vue*, depuis le moment de l'introduction, n'a été interrompue que par l'effet de la résistance des prévenus, et que le fait d'introduction récente résulte, d'ailleurs, de l'existence d'une piste et des autres faits mentionnés dans un procès-verbal. (*Jugem. du tribunal civil d'Avesnes du* 3 *mars* 1838.)

TITRE V.

IMPORTATIONS PAR MER.

Manifeste des navires espagnols.

773 — 444 supp. Le délai de huit jours que les conventions avec l'Espagne (voir n° 444 supp.) accordent aux capitaines espagnols pour rectifier les manifestes qu'ils ont déposés à la douane à leur arrivée en France, s'applique aux capitaines des bâtimens de 100 tonneaux *et au dessus*. Conséquemment, ceux qui commandent des navires de 100

tonneaux *exactement* en jouissent; les bâtiments au dessous de ce tonnage sont seuls exclus. (*Lettre au directeur de Marseille, du* 25 *septembre* 1838.)

DÉCLARATIONS. — VOITURES.

774 — 183 *bis*. La douane est fondée à exiger qu'un consignataire ou propriétaire qui veut faire entrer en France une voiture venant de l'étranger, fasse au bureau une déclaration de *l'espèce* à laquelle cette voiture appartient, d'après la classification du tarif. Une fausse déclaration, en pareil cas, est punie des peines de la loi. (*Lettre admin. du* 1er *octobre* 1838. *Voir, quant aux peines encourues*, *n°* 227.)

VÉRIFICATION DES MARCHANDISES.

Ouvrages en métal anglais.

775 — 208 *bis*. Dans la vérification des *théières*, *cafetières*, *plats*, *couverts*, en *métal anglais* dont l'étain de Cornouailles est la base (1), le vérificateur doit examiner avec soin si on ne lui présente pas des ouvrages en tout autre alliage que celui de ce métal, notamment ceux en *argentan*, qui restent soumis à la prohibition d'entrée prononcée par la loi du 10 brumaire an 5 (2). (*Circ. du* 27 *avril* 1838, *n°* 1685.)

Ferraille.

776 — 216 *bis*. Lorsqu'en vertu d'autorisations de l'administration, *des débris de vieux ouvrages en fer* sont admis en acquittement de droits, par l'un des bureaux ouverts à l'entrée des marchandises soumises aux forts droits (3), les vérificateurs doivent s'attacher à reconnaître que ce sont bien *des débris de vieux ouvrages* qu'on leur présente; on ne peut admettre au bénéfice des dispositions de la loi du 5 juillet 1836 les ouvrages en fer encore entiers, même quand ils seraient de rebut ou oxidés, ni les morceaux de fer neuf de toute espèce, comme les rognures et découpures de tôle et les bouts de barres de fer, etc. (*Circ. du* 22 *avril* 1838, *n°* 1682.)

Houilles.

777 — 216 *ter*. Quand un bâtiment venant de l'étranger se trouve être chargé *en*

---

(1) Ces objets sont admis aux droits fixés par le tarif. (*Circ. n°* 1669.)

(2) Invité à indiquer les moyens de distinguer les ouvrages en *métal anglais* de ceux *en argentan*, le comité consultatif des arts et manufactures s'est exprimé dans les termes suivants par son avis en date du 26 mars dernier :

« Le métal dit anglais, servant aux poteries d'étain fines, est composé d'au moins quatre-vingts par- « ties d'étain et de vingt parties d'une composition variable d'antimoine, bismuth, etc. Il est facile de le « distinguer de l'argentan qui est composé, en majeure partie, de cuivre, nickel, zinc et quelques autres « métaux. A la vue, on remarque entre eux une différence de couleur; en frottant les objets en argen- « tan avec le doigt, l'odeur particulière et bien connue du cuivre se fait sentir; le son de ce métal est bien « plus clair que celui des objets en étain ; il est plus difficile à ployer et bien plus cassant. On peut, avec « un couteau, enlever facilement de petits morceaux sur les objets d'étain, tandis que ceux en argentan « sont très durs et difficiles à entamer. Enfin, en mouillant les objets en argentan avec le vinaigre, et « en les laissant quelques heures exposés à l'air, ils se couvrent de vert de gris, ce qui n'arrive pas avec « ceux en étain. »

(3) C'est-à-dire aux marchandises taxées à plus de 20 francs par 100 kilog.

entier de houille, le vérificateur peut se dispenser de procéder à la pesée *réelle*; le poids effectif de la cargaison est évalué en multipliant par 1500 kilogrammes le nombre de tonneaux que jauge le navire. Mais si le navire n'a pas son plein, ou s'il est chargé en partie de marchandises autres que la houille, son chargement doit être vérifié par la pesée. (*Loi du 1er août* 1792. *Circ. du* 28 *septembre* 1838, *n°* 1711.)

Jury d'examen.

777 *bis* — 220. Lorsque des doutes et difficultés s'élèvent entre le commerce et la douane, relativement à l'espèce, à la qualité ou à l'origine des produits, pour l'application des droits, des primes, etc., les commissaires experts établis par la loi du 27 juillet 1822 sont seuls compétens pour lever ces doutes ou difficultés. Les tribunaux ne peuvent juger ces sortes d'appréciations de marchandises. (*Arrêt de cass. du* 30 *avril* 1838. *Circ. du* 29 *juin suiv.*, *n°* 1693.)

Monnaies de cuivre.

778—259 *bis*. Les monnaies de cuivre et de billon de fabrication étrangère, dont l'importation est permise en payant les droits fixés par le tarif, ne peuvent être introduites que comme *mitraille*, c'est-à-dire comme matière exclusivement propre à la refonte. Avant leur arrivée en douane elles doivent être brisées, coupées ou martelées. (*Circ. du* 16 *juillet* 1838, *n°* 1698.)

TARES.

Tare réelle.

779 —243 *bis*. Lorsque des marchandises importées en France sont destinées pour l'entrepôt *réel*, on peut, si le poids *net effectif* a été énoncé dans la déclaration primitive, en différer la reconnaissance jusqu'au moment de la sortie des magasins, mais c'est seulement quand il s'agit de marchandises qui sont placées dans un entrepôt constitué selon le vœu de l'article 25 de la loi du 8 floréal an 11, que la douane est autorisée à procéder ainsi. (*Décision administ. transmise par la circ. du* 30 *octobre* 1838, *n°* 1717.)

La même facilité est accordée quand il s'agit de marchandises qui, à la sortie d'entrepôt *réel*, sont expédiées en continuation d'entrepôt par *mer*. L'acquit-à-caution, délivré pour accompagner la marchandise, doit rappeler le *poids net* énoncé dans la déclaration primitive, et indiquer que la vérification n'en a pas été faite, le commerce s'étant réservé de le faire ultérieurement constater. (*Même circulaire*.)

RESTRICTIONS AUX IMPORTATIONS.

780 — 249. Le tonnage de rigueur exigé des navires pour importer ou réexporter des denrées coloniales ou des marchandises prohibées, est réglé comme il suit :

Dans l'Océan.

Des navires de 40 tonneaux sont nécessaires à l'importation pour les marchandises désignées en l'article 22 de la loi du 28 avril 1816 (voir n° 249 du résumé), ainsi que pour les marchandises prohibées à l'entrée et pour celles qui ont cessé de l'être depuis la loi du 24 mai 1834, ou dont la prohibition serait levée à l'avenir. (*Art.* 7 *de la loi du* 5 *juillet* 1836 *et circ. n°* 1668.)

Ces mêmes marchandises, ainsi que celles dont le droit excède 10 p. 0/0 de la valeur, peuvent pareillement être réexportées par des navires de 40 tonneaux (même article).

Le port de Bayonne peut recevoir, sur des bâtimens de 20 tonneaux, les marchandises dénommées en l'article 22 de la loi du 28 avril 1816, lorsqu'elles proviennent du littoral situé entre cette ville et le cap Finistère ; on peut aussi réexporter de ce port, par des bâtimens du même tonnage, les marchandises non prohibées expédiées pour les ports d'Espagne, en deçà de ce cap. (*Art.* 22 *de la loi du* 28 *avril* 1816, 50 *de la loi du* 21 *avril* 1818, *circulaires des* 11 *août* 1817, *n°* 310, *et* 6 *septembre* 1818, *n°* 427, *et décision ministérielle du* 30 *mars* 1838.)

Les marchandises prohibées sont admises à Bayonne, et peuvent en être réexportées par des navires de 30 tonneaux; on peut même, à défaut de navires de ce tonnage pour la destination déclarée, se servir, à la sortie, de bâtimens de 20 tonneaux. (*Art.* 18 *de la loi du* 9 *février* 1832, *circulaire n°* 1304, *et décision ministérielle des* 18 *décembre* 1828 *et* 30 *mars* 1838.)

A Nantes, le directeur est autorisé à permettre l'emploi de navires espagnols de 30 tonneaux, pour les marchandises de toute nature, réexportées à destination de Bilbao (Espagne). (*Décisions ministérielles des* 25 *octobre* 1833 *et* 30 *mars* 1838.)

Dans la Méditerranée.

Des navires de 40 tonneaux sont exigés pour l'importation et la réexportation des marchandises prohibées à l'entrée, et pour celles qui ont cessé de l'être depuis la loi du 24 mai 1834, ou dont la prohibition serait levée à l'avenir. (*Art.* 7 *de la loi du* 5 *juillet* 1836 *et circulaire n°* 1668.)

Ces opérations peuvent s'effectuer, en ce qui concerne les marchandises comprises dans l'article 22 de la loi du 28 avril 1816 (voir n° 249), par des navires de 30 tonneaux. Ce tonnage suffit aussi pour la réexportation des marchandises dont le droit excède 10 p. 0/0 de la valeur. (*Art.* 22 *de la loi du* 28 *avril* 1816, *circ. n°s* 310 *et* 427, *et décision ministérielle du* 30 *mars* 1838.)

On peut même se servir de navires de 20 tonneaux pour les marchandises non prohibées, importées des côtes d'Espagne dans la Méditerranée, ou réexportées à destination de ces mêmes côtes. (*Art.* 11 *de la loi du* 27 *mars* 1817, 12 *de l'ordonnance du* 10 *septembre suivant*, *circ. des* 20 *mai et* 11 *août de la même année*, *et* 6 *septembre* 1818, *et décision ministérielle du* 30 *mars* 1838.)

A Marseille, la réexportation des marchandises prohibées est permise sur des bâtimens de 30 tonneaux pour les côtes d'Espagne et d'Italie. (*Art.* 12 *de l'ord. du* 10 *septembre* 1817, *et décision ministérielle du* 30 *mars* 1838.)

Pénalité.

781 — 254. Les maîtres et capitaines de bâtiments de mer au dessous de 40 tonneaux, qui abordent, hors le cas de force majeure, avec les marchandises désignées en l'article 22 de la loi du 28 avril 1816, même dans les ports ouverts à leur importation, encourent l'amende prononcée par l'article 23 de la loi du 9 février 1832, ou par l'article 36 de la loi du 21 avril 1818, selon qu'il s'agit, soit de marchandises *prohibées*, ou dont la prohibition a été levée postérieurement à la loi du 24 mai 1834, soit de marchandises comprises dans l'article 22 de la loi du 28 avril 1816 (voir n° 249). Ainsi, dans le premier

cas, l'amende est de 1000 francs ; dans le second cas, elle n'est que de 500 francs. Dans l'une et l'autre hypothèse, le navire et sa cargaison peuvent être retenus pour en garantir le paiement. (*Circulaire du* 18 *janvier* 1838, *n°* 1668.)

BUREAUX OUVERTS A L'IMPORTATION DE CERTAINES MARCHANDISES.

Bois de buis.

782—258 *bis.* Le bois de buis doit cesser d'être considéré comme bois exclusivement exotique; et comme il est soumis à une taxe d'entrée inférieure à 20 francs par cent kilogrammes, son importation est permise par tous les ports et bureaux indistinctement. (*Circ. du* 17 *février* 1838, *n°* 1672.)

Fils de laine.

783—260 *bis.* Le port de *Boulogne* est ouvert à l'importation des laines et cotons filés. On peut, en conséquence, importer par ce port, en payant les droits, les fils de laine longue et peignée, retors à un ou plusieurs bouts dégraissés et grillés, pour être dirigés, sous plomb et par acquit-à-caution, sur la douane de Paris, chargée de vérifier s'ils ont les caractères sus indiqués, et de les revêtir de la marque distinctive propre à les faire reconnaître. (*Ordonn. du* 23 *juillet* 1838 ; *Circ. du* 3 *août suiv.*, *n°* 1702.)

NOTA. La circulaire citée au n° 474 des Suppléments porte le n° 1644 et non 1645.

Fers traités au charbon de bois et au marteau.

784—262 *ter.* Les fers du Nord forgés et traités au charbon de bois et au marteau acquittent les droits fixés par la loi du 21 décembre 1814, au lieu de ceux postérieurement établis, lorsqu'il est reconnu par les facture, charte-partie, connaissement, police d'assurance, etc., qu'ils ont réellement reçu cette espèce de fabrication, et lorsqu'ils sont importés par les ports de *Marseille*, *Bayonne*, *Bordeaux*, *la Rochelle*, *St-Martin* (*île de Ré*), *Nantes*, *Redon*, *Lorient*, *Brest*, *Morlaix*, *Le Légué*, *Saint-Malo*, *Cherbourg*, *Caen*, *Honfleur*, *Rouen*, *Le Havre*, *Dieppe*, *Saint-Valery-sur-Somme*, *Calais*, *Dunkerque*, *Fécamp* et *Paimbœuf*.

Ils ne sont admis toutefois à ces droits que sur les dimensions établies par la loi du 27 juillet 1822, et à charge, par le consignataire, de souscrire une soumission cautionnée de payer le supplément de droit, dans le cas où l'expertise, dont on se réservera les moyens, devrait contredire la déclaration, et où le résultat en serait notifié dans les trois mois à partir de la date de l'acquit de paiement provisoire. (*Lois des* 27 *juillet* 1822 *et* 2 *juillet* 1836 ; *ordonn. du* 23 *juillet* 1838; *Circ. des* 24 *décembre* 1822, *n°* 774, *et* 3 *août* 1838, *n°* 1702.) (Voir une instruction manuscrite, du 11 mars 1823.)

Moquettes.

785—262 *quater.* Les moquettes veloutées, dont l'envers présente un canevas en fil, offrant, dans l'espace d'un décimètre au moins, quarante carreaux en hauteur et cinquante en largeur, ne sont admis au droit de 250 francs, que par les seuls bureaux de *Lille* et de *Dunkerque*. (*Loi du* 5 *juillet* 1836.)

Les mêmes moquettes peuvent être introduites moyennant le paiement de 300 francs par d'autres bureaux que ceux ci-dessus, pourvu que ces bureaux soient ouverts à l'admission des marchandises payant plus de 20 francs par cent kilogrammes. (*Déc. administ. transmise par la circ. du* 10 *mars* 1838, *n°* 1677.)

RELACHES A L'ÉTRANGER.

786—294 *bis*. Un bâtiment qui, après avoir été forcé de relâcher à l'étranger, arrive en France avec des marchandises susceptibles, d'après leur provenance, de jouir d'une modération de droits, peut être admis à ce privilége lorsque la nécessité de la relâche a été entièrement prouvée (voir n° 161). C'est l'administration, s'il s'agit de l'application du privilége colonial, qui est appelée à statuer; dans les autres cas, les directeurs, si la justification est complète, prononcent eux-mêmes l'admission des marchandises. (*Déc. admin. du* 5 *mars* 1838.)

CONTREBANDE SANS ARMES.

Arrestations des contrebandiers.

787—333. La remise des fraudeurs, par les préposés, entre les mains de la gendarmerie, ne peut légalement avoir lieu, qu'autant que ce moyen de translation permet de traduire le délinquant devant le juge, dans le plus court délai. Là se borne, dans ce cas, le concours de la force armée pour le service des douanes. (*Déc. du min. de la guerre; Lettre admin. du* 6 *juillet* 1838.)

Sortie de prison sous caution.

788—333. Les individus qui, dans les cas prévus par les lois des 28 avril 1816 et 21 avril 1818, ont encouru la peine de l'emprisonnement (voir nos 331 et suiv.), ne peuvent être relâchés qu'autant qu'ils fournissent à la douane, une caution pour garantir leur représentation ultérieure lorsqu'ils en seront requis. (*Circ. du* 13 *septembre* 1822, *n°* 752 (1).)

CONTREBANDE FAITE PAR DES ESPAGNOLS (2).

789—339 *bis*. Lorsque des sujets français ont fait, en Espagne, la contrebande de quelque espèce que ce soit, dans l'espace de quatre lieues de distance de la frontière, ils sont rendus, pour la première fois, avec les preuves du délit, pour être jugés selon les lois françaises. Il en est de même à l'égard des sujets espagnols qui ont fait la contrebande en France dans les deux myriamètres de distance de la frontière. Sont exceptés toutefois de cette disposition, les contrebandiers qui ont commis des vols, des homicides ou des actes de violence ou de résistance contre la justice, les rondes ou troupes, et ceux qui, après avoir été rendus une première fois, retombent dans le même délit. Ils restent soumis aux lois ordinaires. (*Conv. avec l'Espagne passée en* 1787, *art.* 16.)

790—339 *bis*. Les dispositions contenues en l'article qui précède, d'après lesquelles

---

(1) Lorsque la fraude est sans gravité, sans importance; que le prévenu n'est point en récidive, qu'il n'est pas contrebandier de profession; qu'il n'y a eu ni attroupement ni violences exercées contre les préposés, les directeurs peuvent autoriser les chefs de service à se relâcher de leur sévérité. (*Lettre de l'adm., du* 24 *mars* 1838.)

(2) Les anciennes conventions faites avec l'Espagne, connues sous le nom de *pacte de famille*, contiennent quelques autres clauses. On les trouve rappelées dans la circulaire n° 100, du 15 janvier 1816. On a cru devoir ne présenter dans ce recueil que les dispositions de ce pacte sur lesquelles l'administration a eu occasion de donner des instructions, ou qui ont été l'objet de décisions spéciales depuis 1830.

les sujets espagnols ou français surpris faisant la contrebande sont renvoyés dans leur patrie respective pour y être jugés selon les lois nationales, ne sauraient être étendues aux faits *d'opposition à l'exercice régulier* des préposés. Les lois ordinaires des douanes doivent être appliquées contre tout sujet espagnol qui s'oppose à ce que les préposés des douanes remplissent, à son égard, dans les conditions exigées d'ailleurs par les traités, les fonctions qui leur sont attribuées. (*Lettre adm. au directeur de Bayonne, du* 17 *août* 1838.)

TITRE VI.

IMPORTATIONS PAR TERRE.

PRÉSENTATION AU 1er BUREAU D'ENTRÉE.

791—344. Les marchandises prohibées, soit d'une manière absolue, soit localement, qui sont rencontrées par les préposés des douanes, *en avant* du 1er bureau d'entrée, ne sont pas saisissables si c'est sur le chemin *direct* que les colporteurs ont été vus. Il n'y a lieu à saisir qu'autant que ces marchandises seraient trouvées circulant sur une route ou sur un sentier *transversal* ou *parallèle*, quelle qu'en soit d'ailleurs l'issue. Les préposés seraient autorisés aussi à s'en emparer sur tous les points du rayon, même *sur une route directe*, s'il s'agissait d'un dépôt effectué ailleurs que dans une commune de plus de 2,000 ames. (*Lettre adm. au direct. de Saint-Gaudens, du* 18 *août* 1838.)

DÉCLARATION.

Voitures.

792—349. Les préposés des douanes sont fondés à exiger que le conducteur d'une voiture fasse à la douane une déclaration *de l'espèce* à laquelle appartient, d'après les classifications du tarif, la voiture dont il demande l'introduction. Une fausse déclaration, en pareil cas, est punie des peines de la loi. (*Lettre de l'adm. au dir. de Dunkerque, du* 1er *octobre* 1838.) (Voir, quant aux peines encourues, n° 227.)

VÉRIFICATION.

Ouvrages en métal anglais.

793—373 *bis*. Lorsqu'il est apporté en douane des *théières*, *cafetières*, *plats* et *couverts* en métal anglais, dont l'étain de Cornouailles est la base, les vérificateurs doivent examiner avec soin si on ne leur présente pas d'ouvrages en tout autre alliage que celui de ce métal, notamment ceux en *argentan*, qui, d'après la loi, sont prohibés. (*Circ. du* 27 *avril* 1838, *n°* 1685.)

NOTA. Des explications ont été données pour mettre les employés à même de distinguer chaque espèce de métal. (Voir n° 773 des Suppléments.)

Monnaies de cuivre.

794—373 *ter*. Les monnaies de cuivre et de billon de fabrication étrangère, dont l'importation est permise en payant les droits fixés par le tarif, ne peuvent être introduites que comme *mitraille*, c'est-à-dire comme matière entièrement propre à la refonte. Avant leur arrivée en douane, elles doivent être brisées, coupées ou martelées. (*Circ. du 16 juillet* 1838, *n°* 1698.)

Féraille.

795—373 *quater.* Lorsque l'administration autorise l'admission des *débris de vieux ouvrages en fer* par l'un des bureaux ouverts à l'entrée des marchandises sujettes aux forts droits (1), les vérificateurs doivent s'attacher à reconnaître si ce sont bien des débris de vieux ouvrages. Les morceaux de fer neuf de toute espèce, comme rognures, découpures de tôle, et les ouvrages entiers de rebus ou oxidés, ne peuvent être admis. (*Loi du* 1er *août* 1792; *Circ. du* 22 *avril* 1838, *n°* 1682)

TARES.

Tare réelle.

796—383. Lorsque des marchandises sont expédiées par terre, soit en continuation d'entrepôt réel, soit en transit à titre d'envoi direct sur les entrepôts, on peut, si le poids net a été énoncé dans la déclaration primitive, en différer la reconnaissance jusqu'au moment de la sortie des magasins, mais seulement quand il s'agit de marchandises qui sont placées dans un entrepôt constitué selon le vœu de l'article 25 de la loi du 8 floréal an 11, et qui, d'après les réglements généraux sur le transit, sont soumises au double emballage et au double plombage. (*Déc. admin. transmise par la circ. du* 30 *octobre* 1838, *n°* 1717.)

797—383 *bis.* Les acquits-à-caution délivrés pour accompagner les marchandises ainsi expédiées doivent rappeler le poids net énoncé dans la déclaration primitive, et indiquer que la vérification n'en a pas été faite parce que le commerce s'est réservé de le faire ultérieurement constater. (*Même circ.*)

RESTRICTIONS AUX IMPORTATIONS.

Fers traités au charbon de bois et au marteau.

798—416 *bis.* Les fers du Nord, forgés et traités au charbon de bois et au marteau, acquittent les droits fixés par la loi du 21 décembre 1814, au lieu de ceux postérieurement établis lorsqu'il est reconnu par les facture, charte-partie, etc., qu'ils ont réellement reçu cette espèce de fabrication, et qu'ils sont importés par les bureaux de *Béhobie, Ainhoa* (Basses-Pyrénées), *Thonne-la-Longue* (Ardennes), *Lonwy* par *Tellencourt, Mont-Saint-Martin, La Malmaison,* et *Evrange* (Moselle).

Ils paient comme fers introduits par navires français. On ne les admet, toutefois, que sur les dimensions établies par la loi du 27 juillet 1822, et à charge de souscrire une soumission cautionnée de payer le supplément de droit, dans le cas où l'expertise, dont on se réservera les moyens, devrait contredire la déclaration, et où le résultat en serait notifié dans les trois mois à partir de la date de l'acquit de paiement provisoire. (*Lois des* 27 *juillet* 1822 *et* 2 *juillet* 1836 ; *Circ. du* 24 *décembre* 1822, *n°* 774.)

Bois de buis.

799—411 *ter.* On doit cesser de considérer le bois de buis comme bois exclusivement exotique ; et ce bois étant soumis à une taxe d'entrée inférieure à 20 francs par cent

(1) Aux marchandises taxées à plus de 20 francs par cent kilogrammes.

kilogrammes, son importation est permise par tous les bureaux des frontières de terre indistinctement. (*Circ. du* 17 *février* 1838, *n°* 1672.)

TITRE VII.

RÉIMPORTATIONS.

Chapeaux de paille.

800—422 *bis.* Les chapeaux de paille expédiés pour l'étranger, qui, à défaut de vente, sont réintroduits dans le royaume, ne peuvent y être reçus en franchise de droits; ces chapeaux ne présentant aucun signe ou caractère qui puisse, à leur retour, faire reconnaître d'une manière certaine leur origine nationale. (*Déc. admin. du* 6 *janvier* 1838.)

TITRE VIII.

ACQUITTEMENT DES DROITS.

Paiements dans les caisses publiques.

801—437. On ne peut admettre dans aucune caisse publique les pièces d'argent et de cuivre de la principauté de Monaco, notamment les pièces d'un décime et de cinq centimes en cuivre récemment fabriquées et portant le millésime de 1837 et de 1838. (*Déc. minist. du* 8 *juin* 1838; *Circ. du* 21, *n°* 1689.)

802—437. Toutes autres monnaies de cuivre ou billon, à un type étranger, sont également inadmissibles dans les caisses des receveurs. Elles ne peuvent être introduites en France que comme matière exclusivement propre à la refonte. (*Circ. du* 16 *juillet* 1838, *n°* 1698.)

Passe de sacs.

803—131 *Suppl.* Les frais de passe de sacs, concernant les fonds que les receveurs des douanes reçoivent, à titre de subvention, des receveurs des finances, pour le paiement des appointements des employés, ne peuvent être supportés ni par ces employés ni par le trésor. Cette dépense est au nombre de celles auxquelles les abonnements, pour frais de bureau, doivent subvenir. (*Lettre admin. du* 23 *juin* 1838.)

PAIEMENS EN EFFETS DE CRÉDITS.

804—445. La faculté accordée à un débiteur de droits de douanes, de réunir plusieurs acquits de paiement pour former une somme supérieure à 600 francs, et jouir ainsi du crédit accordé par les réglements, ne s'entend que des acquits qui ont été délivrés à un *même redevable*, dans la *même journée*. (*Circ. du* 8 *mars* 1838, *n°* 1675.)

805—445 *bis.* La durée du crédit accordée aux débiteurs de droits de douanes et de sels, doit partir de la date de la *liquidation* de ces mêmes droits, et non de celle de la *déclaration*, la somme à payer par un redevable n'étant déterminée que par le résultat de la vérification. (*Circ. du* 8 *mars* 1838, *n°* 1675.)

806—449 *bis*. Quand un receveur admet d'un redevable de droits la réunion de plusieurs acquits de paiement de dates différentes pour ne former qu'une seule traite, le délai du crédit doit partir de la date de la plus ancienne liquidation; le commerce est libre, au surplus, de fournir autant de traites qu'il y a de liquidations, sous leurs dates respectives, lorsque chaque liquidation excède 600 francs. (*Circ. du* 8 *mars* 1838, *n°* 1675.)

Endossement des effets.

807—450. Lorsque les receveurs des douanes transmettent, par la voie de l'endossement, au caissier du trésor public, les effets qu'ils ont reçus en acquittement de droits, la transmission doit être exprimée en ces termes: *Payez à l'ordre de M. le caissier central du trésor public, valeur en versement de droits de douanes et de sels.* (*Lettre de l'admin. du* 16 *juillet* 1838.)

ESCOMPTE.

808—472. La durée du crédit dont jouissent les redevables ne devant partir que de la date de *la liquidation* des droits, le receveur des douanes doit accorder jusqu'à cette date la faculté d'acquitter les droits en numéraire sous escompte. (*Circ. du* 8 *mars* 1838, *n°* 1675.)

809—473. La réunion que peut faire un redevable de droits, de plusieurs acquits de paiement pour former une somme supérieure à 600 francs, et jouir par là de l'escompte autorisé par la loi, ne peut s'entendre que des acquits délivrés dans la *même journée*, à *un même redevable*. (*Circ. du* 8 *mars* 1838, *n°* 1675.)

PRIVILÉGE DE L'ADMINISTRATION.

810—470 *bis*. Le privilége de l'administration des douanes sur toutes les valeurs mobilières d'une faillite, prime celui d'un négociant soit qu'il invoque le titre de vendeur, soit qu'il réclame le privilége de commissionnaire (*art.* 2073 *du Code civil et* 93 *du Code de commerce*), lorsque le négociant qui en réclame l'application, d'une part, comme commissionnaire, ne s'est pas immédiatement remboursé de ses prêts sur les produits de la vente des marchandises remises en nantissement, et de l'autre, que l'objet sur lequel l'avance aurait été faite comme consignataire a été dénaturé, ou qu'il a été remis par le commettant lui-même résidant sur la même place que le commissionnaire, et pour être vendu pour son compte. (*Jugem. du trib. civil de Marseille du* 21 *mars* 1838.)

TITRE IX.

ENTREPÔTS.

PORTS D'ENTREPÔTS RÉELS.

Marchandises prohibées.

811—517. L'entrepôt spécial des marchandises prohibées est accordé aux ports de *La Rochelle* et de *Cette*, aux conditions imposées par les lois des 8 floréal an 11 et 9 février 1832, article 17. (*Ordon. du* 23 *juillet* 1838, *art.* 6.) (Voir n° 518 et suiv.)

812—517. La ville de Cette ayant, pour l'établissement de l'entrepôt du prohibé qui lui a été accordé par l'ordonnance du 23 juillet 1838, satisfait aux conditions préalables que détermine l'article 17 de la loi du 9 février 1832, le commerce est admis, dès à présent, à faire usage de cet entrepôt. (*Circ. du* 21 *décembre* 1838, *n°* 1724.)

813—517. Le port de *Saint-Servan* est admis à jouir de l'entrepôt réel des marchandises étrangères de toute espèce et quel que soit leur régime à l'importation, à charge, par le commerce, de satisfaire aux conditions imposées à cet égard par la loi du 8 floréal an 11, et par l'article 17 de la loi du 9 février 1832. (*Ordon. du* 23 *juillet* 1838, *art.* 7; *Circ. du* 31, *n°* 1700.)

NOTA. Les conditions d'entrepôt sont indiquées aux nᵒˢ 518 et suivans.

Vérification à l'entrée en entrepôt.

814—521. Si, en vérifiant des marchandises prohibées destinées pour l'entrepôt, les employés reconnaissent et constatent par procès-verbal qu'il y a fausse déclaration ou excédant de colis, ils peuvent, quand la contravention est évidemment l'effet d'une simple irrégularité, laisser suivre à la marchandise sa destination, moyennant une soumission cautionnée que fournit le consignataire, d'acquitter les condamnations encourues, ou de s'en rapporter à la décision de l'administration. (*Lettre au direct. de Rouen, du* 14 *septembre* 1837.)

MARCHANDISES NON-PROHIBÉES.

Ports d'entrepôt.

815—534. Le port de *Saint-Servan* est au nombre des ports admis à jouir de l'entrepôt des marchandises étrangères de toute espèce, à la condition de satisfaire aux conditions imposées par la loi du 8 floréal an 11. (Voir n° 535 et suivants.) (*Ordon. du* 23 *juillet* 1838, *art.* 7.)

Pistolets de poche entreposés.

816—534 *bis*. On peut admettre en entrepôt dans les ports et villes qui jouissent de cette faculté (voir n° 534), les pistolets de poche que le commerce importe de l'étranger pour les réexporter par le transit ou les diriger sur un autre entrepôt. Il est donné avis au ministre de l'intérieur de ces expéditions. (Voir *Résumé*, n° 1456, et *Suppl.*, n° 642.) (*Déc. minist. transmise par la circ. du* 7 *août* 1838, *n°* 1704.)

ENTREPÔTS FICTIFS.

Sorties d'entrepôt.

817—641. Lorsque des déficits sont constatés sur des sucres provenant de nos colonies, entreposés fictivement d'après la tare légale, la douane, dans la liquidation du droit à payer pour ces déficits, doit défalquer la portion de la tare qui leur est applicable, à moins, toutefois, que les sucres n'aient été expédiés pour la réexportation par mer, ou par la voie du transit. Le droit, dans ce cas, doit porter sur l'intégralité du déficit. (*Lettre de l'admin. du* 17 *septembre* 1838.)

ENTREPÔTS SPÉCIAUX.

818—647 *bis*. Le port de la Basse-Indre (Loire-Inférieure) est au nombre de ceux qui jouissent d'un entrepôt spécial. (*Déc. admin. du* 20 *mars* 1838.)

CHAPITRE XX *BIS*. — ENTREPOT DE LA BASSE-INDRE.

819—679 *bis*. L'entrepôt fictif accordé au port de La Basse-Indre (Loire-Inférieure) ne peut recevoir d'autres marchandises que la houille; celle arrivant de l'étranger par ce port, est admise aux conditions imposées par la loi du 8 floréal an 11. (Voir n° 617 et suiv.) (*Déc. admin. du* 20 *mars* 1838.)

ENTREPÔTS INTÉRIEURS.

Entrepôt de Paris.

820—702. L'entrepôt de Paris étant destiné à recevoir exclusivement des marchandises *étrangères*, on ne peut expédier sur cet entrepôt des marchandises nationales réintroduites en France comme invendues à l'étranger. Ces objets, lorsque leur origine nationale a été justifiée, et qu'ils ont été admis au bénéfice du retour, doivent être dirigés (*circ. n°* 1526) sur la douane de Paris et non sur l'entrepôt de cette ville. (*Lettre de l'admin. du* 6 *juin* 1838.)

TITRE X.

TRANSIT ET EMPRUNT DU TERRITOIRE ÉTRANGER.

MARCHANDISES PROHIBÉES AUXQUELLES LE TRANSIT EST ACCORDÉ.

821—704 *bis*. On peut admettre au transit, dans les ports et bureaux ouverts à ce mode d'expédition, les pistolets de poche que le commerce importe de l'étranger; il doit être donné immédiatement avis au ministre de l'intérieur, par les directeurs, des expéditions de transit qui ont lieu. Dans cet avis on indique le nombre de pistolets, la date et le numéro de l'acquit-à-caution, ainsi que le point de sortie ou d'entrepôt sur lequel les armes sont dirigées. (*Déc. minist. transm. par la circ. du* 7 *août* 1838, *n°* 1704.)

MARCHANDISES NON PROHIBÉES ADMISES A TRANSITER.

822—713. Les viandes sèches, telles que jambons, saucissons, etc., peuvent être admises, par forme d'essai, à transiter, lorsqu'elles sont introduites en France par les ports et bureaux désignés comme pouvant seuls recevoir les marchandises de transit. (Voir résumé, n° 715.)

Les chicorées moulues jouissent de la même faculté sous la même condition. (*Déc. minist. du* 9 *mai* 1838. *Lett. de l'adm. du* 13 *du même mois.*)

VÉRIFICATION DU PROHIBÉ.

823—735 *bis*. Lorsqu'en vérifiant des marchandises prohibées destinées au transit, les employés constatent par procès-verbal une fausse déclaration ou un excédant de colis, ils peuvent, si la contravention est évidemment l'effet d'une simple irrégularité, laisser suivre sa destination à l'objet présenté, à charge par l'expéditeur de s'obliger, par une soumission cautionnée, à acquitter les condamnations encourues, ou de s'en rapporter à la décision de l'administration. (*Lett. au directeur de Rouen, du* 14 *septembre* 1838.)

ÉCHANTILLONS.

824—750. Les marchandises de toute sorte, expédiées en transit, dont l'identité doit être garantie au moyen du prélèvement d'échantillons par la douane du lieu de départ, sont désignées dans le tableau qui suit. (*Circ. du* 13 *juillet* 1838, n° 1696.)

Nomenclature des marchandises de transit qui doivent être accompagnées d'échantillons *. (*Loi du* 9 *février* 1832, *art.* 11.)

* Les échantillons, formant un paquet fermé avec soin et scellé du cachet de la douane, doivent être placés dans des boîtes de forme carrée dont chaque face se compose d'un seul morceau, et l'on doit plomber ensuite cette boîte de manière à ce que la corde en traverse les angles, c'est-à-dire les deux plans dont la rencontre forme les arêtes de la boîte; comme on le voit dans les figures de la planche 1re, annexée à la circulaire lithographiée du 13 février 1832. (*circ. n^os* 1312 *et* 1512.)

Toutes marchandises atteintes d'avarie.
Laines.
Grains et farines.
Sucres bruts ou terrés.
Cacao.
Cafés d'une qualité très inférieure ou mélangés de grains noirs.
Vanille.
Cochenille.
Tabac en feuilles.
Huiles d'olive.
Fils de coton, de laine et autres prohibés.
Tulle de lin, de coton ou de soie.
Tissus de laine ou mélangés de laine, *en pièces*.
Tissus de soie, de bourre de soie et de fleuret, *en pièces*.
Tissus de coton ou mélangés de coton, *en pièces*.
(*Ordonnance du* 11 *février* 1832.)
Liquides et fluides.
(*Ordonnance du* 8 *juillet* 1834, *art.* 13.)
Huile de colza.
—— de navette.
—— d'œillette.
—— de pavot.
—— de lin.
(*Loi du* 17 *mai* 1826, *art.* 12; *tableau n°* 1er *annexé à la loi du* 9 *février* 1832.)
Canelle.
Girofle.
Muscade.
Macis.
Poivre.
Piment.
Thé.
Safran.
Orseille.
Indigo.
Ipécacuanha.
Rhubarbe.
Salsepareille.
Jalap.
Ecorces médicinales.
Feuilles et follicules de séné.
Sucs végétaux, à l'exception des gommes pures, résines indigènes, storax, manne, jus de réglisse et glu.
(*Ordonnance du* 8 *juillet* 1834, *art.* 17.)
Bouchons de liége.
(*Ordonnance du* 10 *octobre* 1835, *art.* 8.
Acide phosphorique (à l'état solide).
—— tartarique.
—— oxalique.
—— benzoïque.
Sels ammoniacaux, bruts ou raffinés.
Sulfate de potasse.
—— de soude.
—— de magnésie.
—— d'alumine à ses différents états.
Oxalate acide de potasse.
Tartrate de potasse.
—— de soude et de potasse.
Acétates de potasses et de soude.
—— de plomb.
Arséniate de potasse.
Carbonate de magnésie.
Borax à ses différents états.
Chromates de plomb et de potasse.
Sulfure de mercure naturel ou artificiel, en pierre ou pulvérisé.
Oxyde de plomb jaune (massicot).
——de plomb rouge (minium).
——de plomb rouge divisé (mine orange).
Carbonates de plomb, soit mélangés, soit purs ou très purs.
(*Ordonnance du* 3 *juillet* 1838.)

NON RAPPORT DE L'ACQUIT-A-CAUTION.

825—770. La condamnation au paiement du triple ou du quadruple droit (1), encourue par le soumissionnaire d'un acquit-à-caution de transit, ne peut jamais se trouver en dehors du simple droit revenant au trésor public, la pénalité s'entend toujours de quatre fois le droit, savoir : un pour l'état, et trois pour la répartition. (*Lett. de l'adm. au directeur de Valenciennes, du* 11 *juillet* 1838.)

TITRE XI.

CABOTAGE.

PLOMBAGE.

826—852. Le mode d'expédition des marchandises par acquit-à-caution ou par passavant, avec ou sans plombage, se trouve modifié d'après les changements apportés au tarif des droits de sortie par l'ordonnance du 8 octobre 1838. Il est réglé par le tableau suivant. (*Circ. du* 27 *octobre* 1838, *n°* 1716.)

TABLEAU indiquant, par des signes particuliers, le mode d'expédition des marchandises de cabotage.

Le signe A P indique qu'il faut délivrer un acquit-à-caution et plomber les marchandises;

La lettre A, que l'expédition doit être faite avec acquit-à-caution sans plomb ;

Les lettres PP, qu'on doit délivrer un passavant et plomber ;

Et la lettre P, qu'il n'y a lieu qu'à la délivrance d'un passavant.

NOTA. Les marchandises affranchies du plombage jouissent de cette exception aussi bien dans le cas de réexportation et de mutation d'entrepôt par mer que lorsqu'elles sont expédiées par cabotage.

Aux termes des circulaires n°s 310 et 731, les marchandises réexportées ne sont soumises à la garantie du plomb que dans les ports de Rouen, Nantes, Bordeaux, Bayonne et Marseille.

Acides	P	*Anes et ânesses*	A
Agaric. Amadouvier, brut ou préparé	P	*Antale*	P
— de mélèse	P P	*Antimoine* métallique	P P
Agates brutes	P	— Autre	P
— ouvrées, chiques et autres	P P	*Argent* brut, en masse, lingots, ouvrages détruits, etc	P
Albâtre brut	P	— battu, tiré, laminé ou filé	P P
— sculpté, moulé ou poli	A P	*Armes* de guerre	A P
Alcalis. Potasses	P P	— de chasse, de luxe ou de traite	P P
— Autres	P	*Arsenic* métallique	P P
Aloës	P P	*Avelanèdes*	P
Alpiste et *Millet*	P	*Bablah*	P
Ambre gris	P P	*Baumes* storax préparé liquide	P
Amidon	P P	— Tous autres	P P
Amurca, ou marc d'olives	P		

(1) Il en est de même de la peine du double droit dans les cas où la loi la prononce.

Beurre .... P
Bézoards .... P P
Bijouterie d'or ou d'argent .... P P
Bimbeloterie .... P P
Bismuth ou *étain de glace* brut, battu et laminé. P
— ouvré .... P P
Bitumes .... P
Blanc de baleine ou de cachalot de toute sorte. P P
Bleu de Prusse ou de Berlin .... P P
Bœufs .... A
Bois à brûler .... A
Bois à construire de sapin et de pin .... P
— Tous autres .... A
Bois d'ébénisterie .... P
Bois de teinture en bûches .... P
— moulus .... P P
Bois en éclisses .... A
— feuillard .... A
— odorans .... P P
Boissons distillées. Eau-de-vie .... P
— Liqueurs .... A
Boissons fermentées. Vins ordinaires et de liqueur. Vinaigre de vin et de bois, et jus d'orange. P
— Autres .... A
Bonbons .... P P
Boucs et *chèvres* .... A
Bougies de blanc de baleine ou de cachalot... P P
Boules de bleu .... P P
Boyaux frais ou salés .... P
Brôme .... P P
Brou de noix .... P
Bruyères à vergettes .... P
Bulbes ou *ognons* .... P
Cacao .... P P
Cachou brut (terre du Japon) .... P P
Café .... P P
Callebasses vides .... P
Camphre .... P P
Cannelle de toute sorte .... P P
Cantharides .... P P
Caoutchouc .... P P
Caractères d'imprimerie .... P P
Carbonate de plomb .... P P
Caqmin .... P P
Cartes à jouer .... A P
— Autres .... P P
Carthame .... P
Carton en feuilles .... A P
— moulé, coulé et assemblé .... P P
Cassia-lignea .... P P
Cassie (*Gousses* de) .... P
Castoreum .... P P
Cendres bleues ou vertes .... P P
Cendres et *regrets d'orfèvre* .... P
Céréales, froment, épeautre et méteil, seigle, maïs, orge, sarrazin, avoine et leurs farines. A
Champignons, morilles et *mousserons* frais, secs ou marinés .... P
Chandelles .... P P
Chapeaux de paille, d'écorce, de sparterie et de fibres de palmier .... A
Charbon de bois et de chenevottes .... A
Chardons-cardières .... A
Chevaux .... A
Cheveux .... P
Chevreaux .... A
Chicorée moulue ou faux café .... P P
Chiens de chasse et de forte race .... A
Chocolat et *cacao* simplement broyé .... P P
Cire non ouvrée .... P
— Autre .... P P
Civette .... P P
Cloportes (insectes desséchés) .... P P
Cobalt grillé — safre — minerai .... P
— Autre .... P P
Cochenille .... P P
Cochons de lait .... A
Colles de poisson ou forte .... P P
Confitures .... P
Coques de coco .... P
Corail brut ou taillé .... P P
Cordages et *filets* .... P
Cornes de bétail brutes .... A
— préparées ou en feuillets .... A P
Cornes de cerf et de snack .... P
Couleurs à dénommer .... P P
Coutellerie .... P P
Crayons simples en pierre .... P
— composés .... P P
Crins .... P
Cristal de roche .... P P
Cuivre doré, argenté, ouvré, ou autrement préparé qu'il n'est dit au tarif .... P P
— Autre .... P
Curcuma .... P P
Dents d'éléphant. Défenses .... P P
— Mâchelières .... P
Dents de loup .... P
Drilles et chiffons .... A P

Eaux minérales.......................... P
Ecailles d'ablette.......................... P
Ecailles de tortue.......................... P P
Echalas.......................... A
Ecorces de pin, moulues et non moulues, de grenade, d'aulne et de bourdaine... P
— à tan.......................... A
Ecorces médicinales.......................... P P
Effets à usage..........................(1) P P
Embarcations. Bâtiments et bateaux, agrès, apparaux et voiles de navire... A
— Ancres et câbles en fer....... P
Encre à dessiner, en tablettes.......................... P P
— liquide.......................... P
Engrais.......................... P
Épices préparées.......................... P P
Eponges.......................... P P
Etain ouvré.......................... P P
— Tout autre.......................... P
Extraits de bois de teinture.......................... P P
— d'avelanède et de noix de galle..... P
Fanons de baleine.......................... P P
Fer. Minerai et fonte moulée pour projectile de guerre.......................... A
— de toute autre sorte.......................... P
Feuilles propres à la tannerie et aux teintures à dénommer.......................... P
— médicinales d'oranger et de lierre (tiges et branches comprises).. P
— — Autres.......................... P P
Feutres. Chapeaux et schakos.......................... A P
— à doublage et autres ouvrages..... P P
Filaments. Coton en laine, en feuilles-ouate .. P P
— Tous autres.......................... P
Fils (de chanvre ou de lin) simple, écru, bis ou herbé, de mulquinerie.......................... A P
— — Mèches d'étoupes *dites* lunement... P
— — Autres.......................... P P
— de poil de chien, de ploc de vache, et autres. P
— de coton, de laine, de poil de chèvre et tous autres poils à dénommer....... P P
Fleurs médicinales de lavande et d'oranger.. P
— à dénommer.......................... P P
Fourrages.......................... P
Fromages.......................... P
Fruits à distiller. Anis vert.......................... P P
— Baies de genièvre.......................... P
Fruits à ensemencer.......................... P
Fruits de table secs ou tapés, pistaches...... P P
— Autres.......................... P
Fruits médicinaux. Graine de moutarde..... P
— Tous autres.......................... P P
Fruits oléagineux. Amandes cassées.......................... A P
— — en coques....... A
— Autres.......................... P
Garance en racine, moulue ou en paille. ... A
Garou (*racine* de).......................... P
Gaude.......................... P
Genestrolle ou *genêt* des teinturiers.......................... P
Génisses.......................... A
Gibier vivant.......................... A
Gingembre.......................... P P
Girofle.......................... P P
Glu.......................... P
Gomme copale.......................... P
Gommes pures d'Europe.......................... P
— exotiques.......................... P P
Graines d'amôme.......................... P P
Grains durs à tailler, perlés ou mondés...... P
Graisses.......................... P
Graisses de poisson.......................... P
Graphite.......................... P
Gravures et *Lithographies*.......................... P P
Grignon (marc d'olive entièrement sec)...... P
Groisil ou *verre cassé*.......................... P
Gruaux et *fécules*.......................... P
Herbes médicinales. Gui de chêne et absinthe. P
— A dénommer.......................... P P
Homards.......................... P
Horlogerie. Carillons à musique et fournitures d'horlogerie.......................... P P
— Autres.......................... A P
Houblon.......................... P P
Huiles de graines grasses, de palme, d'olive, de faîne, de noix.......................... P
— Toutes autres.......................... P P
Huîtres.......................... P
Inde-plate.......................... P P
Indigo.......................... P P
Indique.......................... P P
Instrumens aratoires.......................... P P
— de chimie et de chirurgie, d'optique, de calcul et d'observation...... A P
— de musique. Fifres, flageolets et ga-

(1) Ils sont dispensés du plombage lorsqu'ils accompagnent les voyageurs.

3

loubets, flûtes, poches et triangles, sistres, mandolines, psaltérions, luths, tambours, tambourin, tymbales, tympanons, cimbales et harpes .... A
— — Tous autres.......... A P
Joncs et *roseaux* exotiques et d'Europe...... P
Joncs odorants........................ P P
Jus de réglisse........................ P P
Kermès en grains...................... P
— en poudre.......................... P P
Laines (*déchet* de).—Lanisse et tontisse..... P
— Autres............................ P P
Laque naturelle........................ P
— Teinture de laque et en trochisques... P P
Légumes verts, salés ou confits, secs et leurs farines............................ P
Lichens............................... P
Liége brut et râpé en planches............ P
— Autre.............................. P P
Limes et *râpes*......................... P P
Livres en langues mortes ou étrangères...... P
— Tous autres........................ P P
Lycopode............................. P P
Machines et *mécaniques*...............(1) A P
Macis................................ P P
Manganèse............................ P
Manne................................ P P
Marbres sculptés, moulés, polis, ou autrement préparés.................. P P
— Autres............................ P
Marc de raisin, de rose.................. P
Marne................................ P
Marrons, châtaignes et leurs farines......... P
Matériaux. Ardoises, briques, tuiles et carreaux de terre............ A
— Autres............................ P
Maurelle............................. P P
Médicaments composés.................. P P
Mélasse.............................. P
Mercerie............................. P P
Mercure natif ou *vif-argent*............... P P
Merrains............................. A
Meubles neufs......................... A P
— ayant servi...................... A
Meules............................... A
Miel.................................. P
Minerais non dénommés.................. P
Modes (*ouvrages* de).................... A P
Moelle de cerf.......................... P
Monnaies d'or et d'argent, quel qu'en soit le type. A
Mottes à brûler......................... A
Moules et autres coquillages pleins.......... P
Moutons de toute espèce. — Béliers, brebis, moutons et agneaux.................... A
Mules et *mulets*......................... A
Musc................................. P P
Muscades............................. P P
Musique gravée......................... P P
Myrobolans............................ P
Nacre de perle. Coquillages nacrés......... P
— Autres............................ P P
Nattes ou *tresses* de paille, d'écorce, de sparte, fines et de bois blanc..... P P
— Autres........................... P
Nerfs de bœuf et d'autres animaux......... P
Nerprun (*baie* de)....................... P
Nickel métallique brut ou allié de plomb, de zinc et de cuivre (argentan) en masse......................... P
— Autre.......................... P P
Noir à souliers et noir animal d'ivoire....... P P
— Tout autre........................ P
Noix de galle........................... P
Objets de collection, hors de commerce..... A
OEufs de volaille et de gibier.............. A
— de vers à soie.................... P
Opium................................ P P
Or brut, battu en feuilles, tiré, laminé ou filé sur soie........................... A P
Orfévrerie............................ P P
Organette............................. P
Orseille.............................. P P
Os de bétail............................ A
— de cœur de cerf.................... P P
— de sèche......................... P
Osier en bottes......................... P
Outils................................ P P
Outremer............................. P P
Ouvrages en bois. Boîtes de bois blanc, moules de boutons, sabots en bois non garnis de fourrure, boissellerie.. P
— Futailles vides, balais com-

(1) On dispense du plombage celles qui ne sont pas susceptibles d'être emballées.

muns, avirons, rames, manches d'outils et autres ouvrages en bois non dénommés....... A
Ouvrages en acier et en fer susceptibles d'être emballés...................... P P
— en poils autres que les tissus...... P P
Oxides de plomb.......................... P P
— Autres............................. P
Pain d'épice.............................. P
— et *biscuit* de mer...................... P
Papier.................................... P P
Parapluies et *parasols* en soie.... .... A P
— en toile cirée ou autres. A
Parfumerie............................... P P
Pastel (*feuilles* et *tiges* de)................ P
Pâte d'Italie et autres pâtes granulées....... P P
Pâtes de pastel............................ P P
Peaux brutes, fraîches ou sèches........... A
Peaux préparées ou ouvrées d'agneaux ou de chevreaux en poils. A
— Parchemin et vélin brut. P
— Cuir de veau odorant, dit *de Russie*, propre à la reliure. A P
— Autres.......... P P
Peaux de chien de mer brutes fraîches...... P
— sèches............. P P
Pelleteries. Peaux de phoques éjarrées ou autrement fabriquées, de renards teintes, de renards noirs ou argentés, croisés ou bleus ; gorges de canards, de fouine, de marte, pingouin et renard ; queues de carcajou, fouine, loup, marte, peskan et renard ; morceaux cousus en peau d'agneau, dits *d'Astracan*, etc.................. A P
— Toutes autres................. A
— ouvrées...................... A P
Perches.................................. A
Perles fines.............................. P
Pieds d'élan.............................. A
Pierres et *terres* servant aux arts et métiers.. P
Pierres calcaires en cristallisation confuse, dites *Ecossines*, { ouvrées en pierres pour la bâtisse et non polies ; carreaux de pavage taillés dans des feuilles en lames schisteuses d'attraction naturelle...... A
Autres...................... P }

Pierres gemmes.......................... A P
— ouvrées. Chiques.................. P
— — Autres.................... A P
Piment.................................. P P
Pinnes-marines ou poil de nacre........... P
Plantes alcalines.......................... P
Plants d'arbres........................... P
Plaqués.................................. P P
Plomb en balles de calibre................. A
— autrement ouvré................... P P
— Autre............................. P
Plumes.................................. P P
Poil de Messine........................... P
Poils de porc, de sanglier et de blaireau, en bottes de longueurs assorties....... P P
— propres à la chapellerie et à la filature, de lapin, de lièvre, de blaireau, de castor, de chien, de loutre, de chèvre et de chevreau, y compris le duvet de cachemire brut....................... A
— duvet de cachemire peigné........... A P
— Tous autres .... P
Poissons................................. P
Poivre................................... P P
Pommes de terre........................... P
Pommes et *poires* écrasées................. P
Porcs.................................... A
Poterie de terre grossière et de grès commun. P
— Autre........................... P P
Poudre à tirer............................ A
Praiss................................... P
Présure.................................. P
Produits chimiques non dénommés......... P P
Prussiate de potasse cristallisé............ P P
Quercitron............................... P
Racines à vergettes........................ P
Racines de chicorée....................... P
Racines médicinales. Réglisse.............. P
— Autres.............. P P
Râpures de corne de cerf................... P
— d'ivoire......................... P P
Résines indigènes......................... P
Résineux exotiques........................ P P
Riz...................................... P
Rocou de toute provenance................ P P
Graines de rocou........... P
Rognures et *dollures* de peaux blanches..... P
— d'autres peaux et oreillons à fabriquer la colle-forte.............. P A

Rogues de morue et de maquereau........ P
Ruches à miel renfermant des essaims vivants.. A
Safran.......................... P P
Sagou.......................... P P
Salep.......................... P P
Sang de bétail.......................... P
Sang de bouc desséché.................. P P
Sangsues.......................... A
Sarrette.......................... P
Savons ordinaires.................. P P
Scies.......................... P P
Sellerie grossière.—Bâts non garnis de cuir. A
— en cuir et autres.................. A P
Sels. Sel marin.................. A
— Tartrates.—Acide de potasse très impur. P
— Carbonate de baryte natif........... P
— Sulfate de fer et de baryte........... P
— Tous autres.................. P P
Semoules de pâte.................. P P
Sirops.......................... P
Soies écrues, et bourre en masse écrue...... A
— Autres.................. A P
Sorbet.......................... P P
Soufre.......................... P
Stil de grain.................. P P
Sucre raffiné et autres.................. P P
Sucs tannins.................. P
Sulfures d'arsenic.................. P
— de mercure.................. P P
Sumac et *fustet*.................. P
Tabac.......................... P P
Tabletterie.......................... P P
Tannins artificiels.................. P
Taureaux, bouvillons et *taurillons*.......... A
Thé.......................... P P
Tissus de bourre de soie, façon cachemire; de fleuret, de laine.................. P P
— de coton. Dentelles fabriquées à la main et aux fuseaux; application sur tulle d'ouvrages en dentelle de fil.............. A
— — Tous autres.............. P P
— de crin. Chapeaux.................. A
— — Tous autres.................. P P
Tissus d'écorce purs ou mélangés. en fibres de palmiers, dits *pagnes* ou rabanes de huit fils au moins.............. A P
Tissus d'écorce purs ou mélangés. Tous autres.............. P P
Tissus de lin ou de chanvre. Dentelles...... A P
— Autres........ P P
— de poil. Châles de cachemire........ A P
— — Autres.................. P P
— de soie. Dentelles de soie, dites *blondes*. A P
— — Autres.................. P P
— en feuilles, de paille, d'écorce, de sparte, etc.......................... A P
Tortues.......................... A
Tourbes.......................... P
Tourteaux de graines oléagineuses.......... P
Truffes.......................... P
Vaches.......................... A
Vanille.......................... P P
Vannerie à dénommer, en quelque végétal que ce soit.......................... P
Veaux.......................... A
Vermeil.......................... P P
Vernis de toute sorte.................. P P
Verres et *cristaux*. Miroirs grands........... A P
— Verres à lunettes ou à cadran, bruts........... P
— Autres.................. P P
Vert de montagne.................. P P
Vesce ou *jarosse*.................. A
Vessies natatoires de poisson simplement desséchées.......................... P P
— de cerf et autres.................. P
Viandes fraîches et salées.................. P
— (Extrait de) en pains.................. P P
Vipères.......................... A
Voitures.......................... A
Volailles vivantes.................. A
Yeux d'écrevisse.................. P P
Zinc ouvré.................. P P
— Tout autre.................. P

EXPÉDITION A DÉLIVRER.

827—870. Les passavants ou acquits-à-caution que délivrent les receveurs des douanes, pour assurer le transport des marchandises de cabotage, doivent indiquer, comme les déclarations que font les expéditeurs, les marques et les numéros des colis expédiés. Ces indications, prescrites par la loi, sont indispensables pour la reconnaissance de l'identité des objets au port d'arrivée. (*Lett. de l'adm. du* 27 *juin* 1838.)

VÉRIFICATION AU PORT D'ARRIVÉE.

828—895. Lorsqu'au bureau d'arrivée, les préposés des douanes, en vérifiant une marchandise expédiée par cabotage, reconnaissent que les cordes et plombs des colis ont été rompus, ils doivent, l'identité de cette marchandise ayant cessé d'exister, appliquer contre le déclarant, selon que l'objet est ou non de nature prohibée, les dispositions de l'article 1er du titre 5, ou 13 du titre 2 de la loi du 22 août 1791. (*Lett. adm. au directeur de Bordeaux*, *du* 22 *mai* 1838.)

Nota. Les marchandises non prohibées peuvent être remises sous soumission de s'en rapporter à la décision de l'administration. (*Circ. n°* 339 *et déc. admin. du* 27 *mai* 1827.)

ÉTATS DE CABOTAGE.

829—920 *bis*. Il est adressé par les receveurs à l'administration, à l'expiration de chaque semestre et pour l'année, un état des transports de marchandises effectués, d'un port à l'autre du royaume, par la navigation à la vapeur. Cet état (série E n° 45 *ter*) est indépendant de ceux précédemment prescrits pour les marchandises de cabotage et pour celles expédiées par mutation d'entrepôt. (*Circ. du* 22 *décembre* 1738, n° 1725.)

TITRE XII.

EXPORTATIONS.

EXPORTATIONS PAR MER.

Déclarations.

830—925 *bis*. Les réductions opérées dans les droits de sortie n'apportent aucun changement dans la marche suivie pour constater les faits d'exportation. Le commerce est tenu d'énoncer, dans les déclarations, tout ce qui est nécessaire pour la perception, et les employés ont le droit de vérifier l'exactitude de ces déclarations, toutes les fois qu'ils jugent convenable de le faire. (*Circ. du* 18 *octobre* 1838, *n°* 1715.)

PROVISIONS DE BORD.

Navires étrangers en partance.

831—960. Les navires anglais devant, d'après la convention de 1826, être traités, quant aux droits de sortie dus sur les marchandises, comme les navires français, les vivres et provisions de bord qui sont embarqués sur les bâtimens britanniques allant en Angleterre, jouissent, comme ceux que prennent les bâtimens français, de l'exemption des droits. (*Lettre admin. du* 27 *décembre* 1837.)

832. Les navires américains ne participent pas à la même immunité. Ces bâtiments étant, quant aux droits de *sortie*, sous la loi commune, les vivres et provisions embarqués à leur bord ne sont pas affranchis du droit d'exportation. (*Lett. de l'adm. du* 27 *décembre* 1837.)

NAVIRES FRANÇAIS EN RELACHE.

833—967. Lorsqu'un capitaine de navire français, se trouvant en relâche dans un port, demande à embarquer sur son bâtiment des provisions de bord, les anciens permis dont il était porteur doivent lui être retirés. Ils sont remplacés par un permis général comprenant à la fois les anciennes provisions et celles qu'on l'autorise à prendre. (*Déc. adm. du* 22 *janvier* 1838.)

EXPORTATIONS PAR TERRE.

Déclarations.

834—980 *bis*. Il n'est apporté aucun changement par les réductions opérées dans les droits de sortie, dans la marche à suivre pour constater les faits d'exportation. Le commerce est tenu d'énoncer dans les déclarations tout ce qui est utile à la perception, et les employés doivent vérifier l'exactitude de ces déclarations toutes les fois qu'ils jugent convenable de le faire. (*Circ.* 18 *octobre* 1838, *n°* 1715.)

VÉRIFICATIONS.

835—988. Quand des cartons sont présentés à l'exportation, soit par *terre* soit par *mer*, les vérificateurs doivent s'attacher à distinguer *les pâtes de chiffons destinées à être remises sous la meule pour la fabrication du papier*, lesquelles peuvent sortir de France en payant les droits, des *cartons de simple moulage* dits aussi *pâtes de papier en feuilles*. Ceux-ci, de même que la pâte de papier *en rame* ou *en meules*, sont prohibés comme matières propres à la fabrication du papier. (*Circ. du* 18 *octobre* 1838, *n°* 1715)

EXPORTATIONS AVEC PRIMES.

Bureaux de sortie.

836—1015. Le bureau d'Entre-deux-Guiers, direction de Belley, est définitivement ouvert à l'exportation des marchandises de primes, les sucres exceptés. Il doit être, en conséquence, ajouté aux deux sections de la première nomenclature arrêtée par la décision du 5 décembre 1829 (circ. n° 1199). (*Circ. du* 16 *février* 1838, *n°* 1671.)

837—1015. Le bureau d'Entre-deux-Guiers, direction de Grenoble, est ouvert à l'exportation des sucres raffinés qui sont expédiés à l'étranger sous bénéfice de prime. Il doit être conséquemment ajouté à ceux qui sont l'objet de la dernière section de la seconde nomenclature jointe à la circulaire n° 1199. (Voir n° 1015.) (*Déc. minist. du* 20 *novembre* 1838 ; *Circ. du* 20 *décembre suiv.*, *n°* 1723.)

838—1015. Le bureau de Chapareillan est ouvert à l'exportation des sucres expédiés pour l'étranger sous bénéfice de prime. En conséquence, ce bureau est à ajouter à ceux qui sont l'objet de la dernière section de la seconde nomenclature jointe à la circulaire du 22 janvier 1830. (Voir *Résumé*, n° 1015) (*Déc. minist. du* 30 *juillet* 1838 ; *Circ. du* 10 *août suiv.*, *n°* 1705.)

Paiement des primes.

839—1081. Les sommes revenant aux exportateurs, pour les primes qui leur sont accordées sur les marchandises dont la sortie a été régulièrement constatée, ne doivent leur être payées qu'après l'expiration du délai de huit jours fixé par les lettres d'avis de liquidation. (*Déc. admin. du* 27 *août* 1837.)

840—1082 *bis*. Les lettres d'avis de liquidation des primes, tant celles relatives aux droits de douanes que celles concernant les sels, ne sont affranchies du timbre que lorsque les primes sont payées directement aux titulaires. A l'égard de celles transférées à des tiers par endossement, ou par simple autorisation, on doit suivre les règles ci-après :

1° Les lettres d'avis sont sujettes au timbre proportionnel, lorsque les titulaires en transmettent la propriété à des tiers par forme d'endossement;

2° Ces lettres d'avis sont soumises au timbre de dimension seulement, quand on remplace le passé à l'ordre par une autorisation de toucher au nom et pour le compte de l'ayant-droit;

3° Celles contenant des pouvoirs à l'effet de toucher le montant des primes d'exportation peuvent être visées pour timbre dans tous les bureaux de l'enregistrement. (*Déc. minist. du* 20 *juillet* 1838; *Circ. du* 28 *août suiv.*, n° 1706.)

TITRE XIII.

NAVIGATION.

FRANCISATION.

841—1092. Lorsqu'un navire étranger subit, après avoir naufragé, des réparations qui le rendent susceptible d'être francisé, son prix s'établit, par les experts, en défalquant du montant de la vente la valeur des objets de gréement; mais ces agrès ne peuvent ensuite être mis à la disposition de l'acquéreur que sous le paiement des droits d'entrée. (*Déc. admin. du* 15 *décembre* 1838.)

842—1092. La vente d'un bâtiment ayant fait naufrage peut être faite par le ministère d'un courtier, pourvu toutefois que cette vente soit revêtue de tous les caractères d'authenticité voulus par la loi. (*Idem.*)

CONGÉS.

843—1188. La disposition de l'article 5 de la loi du 27 vendémiaire an 2, qui fixe à une année la durée des congés des navires de moins de trente tonneaux, est étendue aux congés de tous bâtiments faisant le cabotage. En conséquence, les receveurs n'ont à remettre aux capitaines un nouveau congé et à percevoir le droit qu'autant que celui qui leur est présenté a plus d'une année de date. (*Ordon. du* 23 *juillet* 1838; *Circ. du* 31 *du même mois*, n° 1701.)

DROITS DE NAVIGATION.

844. — *Nota.* On donne ci-après le tableau général des droits de navigation tel qu'il doit être établi d'après les modifications apportées, tant par l'ordonnance du 23 juillet 1838, que par diverses décisions concernant les puissances avec lesquelles il existe des traités. On a aussi ajouté à ce tableau, quelques dispositions nouvelles, qui devaient y être rappelées, afin de le rendre complet; on s'est aidé, pour présenter ainsi aux employés l'ensemble des dispositions actuelles sur les droits de navigation, des indications que renferme le tarif que l'administration a publié.

Tableau général des droits de navigation.

DROIT DE FRANCISATION (1).	f. c.
Bâtiments au dessous de 100 tonneaux. (*Ordon. du 29 juin 1833, art.* 3.).	» 9 par tonneau.
Idem de 100 tonneaux et au dessous de 200. (27 *vendémiaire an* 2, *art.* 26.)	18 » par navire.
Idem de 200 tonneaux à 300 inclusivement. (*Idem.*)......................	24 » par navire.
Pour chaque 100 tonneaux au dessus de 300 (2). (*Idem.*)................	6 » par navire.
DROIT DE TRANSFERT (3).	
Pour chaque endossement fait par suite de vente de tout ou partie du bâtiment............ au-dessous de 100 tonneaux. (*Ordon. du* 29 *juin* 1833, *art.* 3.)............................	» 6 par tonneau.
Pour chaque endossement fait par suite de vente de tout ou partie du bâtiment............ de 100 tonneaux et au dessus. (27 *vendémiaire an* 2, *art.* 17.)............................	6 » par acte.
DROIT DE TONNAGE (4).	
Navires français sans distinction de tonnage.	
Venant des colonies et comptoirs français hors d'Europe (5). (*Même loi, art.* 31, *et* 14 *floréal an* 10.)..	» 45 par tonneau.
Venant des possessions anglaises en Europe (6). (*Traité du* 26 *janvier* 1826; *Ordon. du* 2 *juin* 1834, *art.* 3.)......................................	1 » par tonneau.
Paquebot (7) servant *exclusivement* au transport des voyageurs et de leurs effets (8). (*Déc. minist. du* 13 *mars* 1832, *circ.* n° 1311.)..............	A raison de 1 tonneau par passager (9).
Venant des ports étrangers (10) autres que ceux des possessions britanniques européennes (11). (27 *vendémiaire an* 2, *art.* 32.)................	
Venant de la course (10). (*Idem.*)..	
Venant de la pêche (10 et 12). (*Idem.*)......................................	
De guerre. (*Même loi, art.* 3, *et loi du* 27 *juin* 1829, *art.* 2.)...............	
De commerce, frétés pour le compte de l'état, ou requis pour le service militaire (13). (*Idem.*)..	
Employés comme parlementaires (14). (*Déc. du* 3 *nivose an* 3)..........	
Echoués et abandonnés (6). (*Déc. du* 7 *frimaire an* 3.)..................	
Provenant d'épaves. (*Circ. du* 9 *juillet* 1832, *n°* 1333.)....................	Exempts (18).
Revenant directement sur lest d'un port du Royaume-Uni en Europe, où ils ont effectué le transport direct d'un chargement de sel. (*Déc. minist. du* 19 *janvier* 1829, *circ. n°* 1144.)..	
Venant d'un port de France (15). (*Ordon. du* 23 *juillet* 1838, *art.* 3; *Circ.* n°s 1700 *et* 1701.)..	
En relâche forcée venant des possessions britanniques européennes à destination, soit d'un autre port de France, soit d'un port étranger (17). (*Arrêté du* 26 *ventose an* 4; *Circ. des* 9 *juillet* 1832, *n°* 1333, *et* 30 *décembre* 1834, *n°* 1471.)..	
Navires étrangers (18).	
Sans distinction de pavillon ni de tonnage, sauf les exceptions suivantes. (27 *vendémiaire an* 2, *et* 14 *floréal an* 10.)............................	3 75 par tonneau.

(1) Voir, pour la note 1re et celles qui suivent, page 29.

Désignation	Droits
NAVIRES ESPAGNOLS (20).	
Sans distinction de tonnage, venant d'un port de France (10). (*Conv. du 13 août 1761, art.* 24.)........	Exempts (18).
Sans distinction de tonnage, venant de l'étranger (10). (*Idem.*)........	
NAVIRES VÉNÉZUÉLIENS ET GRENADINS.	
(21) Sans distinction de tonnage. (*Ordon. du 3 juin 1834, et Circ. du 18 décembre suiv., n°* 1465.)........	
NAVIRES ANGLAIS.	
Venant des possessions anglaises en Europe (22). (*Traité du 26 janvier 1826, et ordon. du 2 juin 1834, art.* 3.)........	1 » par tonneau.
Venant *sur lest* d'un port étranger autre que ceux désignés ci-dessus. (*Même traité, et circ. du 27 mars 1826, n°* 979.)........	Exempts (18).
Qui, allant des possessions anglaises européennes hors de France, relâchent forcément dans un port français (23). (*Même traité, et circ. du 30 décembre 1834, n°* 1471.)........	
Bateaux pêcheurs forcés de chercher un refuge (29). (*Même traité, art.* 5.)	
Smogleurs (24). (*Arrêté du 21 frimaire an* 10; *Déc. minist. du 9 juin* 1825; *Circ. du 30, n°* 922.)........	1 25 par tonneau.
NAVIRES AMÉRICAINS ET MEXICAINS.	
(25) Sans distinction de tonnage. (*Ordon. du 3 septembre 1822, art.* 5; *Circ. du 27 juin 1827, n°* 1050.)........	5 » par tonneau.
Venant d'un autre port de France où ils auraient déjà acquitté les droits. (*Circ. n° 1623 du 25 mai* 1837.)........	Exempts.
NAVIRES PORTUGAIS.	
Dans tous les cas de relâche forcée (26). (*Déc. min. du 4 juillet* 1833; *Circ. du 10 juillet 1833, n°* 1491.)........	
NAVIRES SARDES.	
Idem. (*Circ. n° 1694, du 4 juillet* 1838.)........	Exempts (18).
NAVIRES MECKLENBOURGEOIS-SCHWERIN (29).	
Venant en droiture et avec chargement des ports du Mecklenbourg, ou sur lest d'un port quelconque traité comme français en tout ce qui concerne la perception des droits de navigation. (*Traité du 19 juillet 1836, et ordon. du 19 septembre* 1836; *Circ. n°* 1567.)........	Exempts.
En relâche forcée. (*Idem.*)........	
NAVIRES DE TOUS PAVILLONS.	
Admis exceptionnellement à faire le cabotage (27). (*Arrêté du 17 thermidor an* 3.)........	Exempts.
Paquebots servant exclusivement au transport des voyageurs et de leurs effets (9). (*Déc. minist. du 13 mars 1832, et Circ. n°* 1311.)........	A raison d'un tonneau par passager.
De 80 tonneaux et au dessous, qui viennent, sur lest ou avec des marchandises taxées à moins de 20 francs par 100 kilogrammes, charger des huîtres dans les ports de la Manche. (*Déc. minist. du 8 avril* 1830.)...	1 25 par tonneau.
De guerre (13). (*Circ. du 9 juillet 1832, n°* 1333.)........	Exempts (25).
Employés comme parlementaires (14). (*Déc. du 3 nivose an* 5.)........	

De commerce frétés pour le compte de l'État ou requis pour le service militaire (14). (*Loi du 27 vendémiaire an 2, art. 3.*).....................	
Employés comme allèges (33). (*Déc. minist. du 25 mars 1806.*)..........	
Échoués et abandonnés (16). (*Déc. du 7 frimaire an 3.*)..................	
Provenant d'épaves. (*Circ. du 9 juillet 1832, n° 1333.*)....................	
Venant, sur lest (31), charger du sel pour l'étranger ou la pêche de Terre-Neuve. (*Ordon. des 31 juillet et 4 décembre 1816; Déc. minist. des 17 juillet 1828 et 12 janvier 1832.*)......................................	
Qui, après avoir acquitté le droit dans un port situé en rivière ou dans une rade, viennent terminer leur déchargement dans d'autres ports de la même rivière ou de la même rade (32). (*Déc. minist. du 7 prairial an 4, et déc. du 12 novembre 1834.*)...	Exempts (25).
Entrant à Marseille. (*Ordon. du 10 septembre 1817, art. 2.*)..............	
Venant d'un autre port de France (34) pour faire ou compléter leur chargement (35). (*Déc. minist. du 29 novembre 1831, et circ. du 6 novembre suiv., n° 1289.*)..	
Provenant de prise (36). (*Déc. des 9 vend. an 6 et 9 pluviose an 8.*)......	
En relâche forcée (22).	
Allant de l'étranger à l'étranger (37). { chargés. (*Déc. minist. du 4 août 1828; circ. n° 1116.*)	» 50 par tonneau.
Allant de l'étranger à l'étranger (37). { sur lest. (*Idem.*)..	» 25 par tonneau.
Venant de l'étranger, à destination d'un autre port de France (38). (*Arrêté du gouvernement du 26 ventose an 4.*)................................	
Qui, allant de l'étranger à l'étranger, sont contraints, après qu'ils ont déjà été forcés de relâcher dans un port de la Méditerranée, à faire des relâches ultérieures dans un ou plusieurs ports de la même mer (39). (*Ordon. du 24 février 1815.*)..	
Venant d'un port de France. (40). (*Déc. minist. du 7 avril 1817; circ. n° 272.*)..	Exempts (25).
Allant de l'étranger à l'étranger, et jugés innavigables (41). (*Déc. minist. du 7 frimaire an 6; circ. n° 11.*)..	
Poursuivis par l'ennemi (42). (*Déc. du 1er ventose an 12.*)...............	
Faisant la pêche (43). (*Déc. minist. du 8 avril 1816; circ. n° 142.*).......	
Apportant en France la cargaison d'un bâtiment français. (*Déc. du 8 décembre 1838.*)..	Le droit qui affecte son pavillon.
DROIT D'EXPÉDITION (44).	
Navires français.	
Sauf les exceptions ci-après. { De 150 tonneaux et au dessous. (*Loi du 27 vendémiaire an 2, art. 36.*)..	2 » par navire.
Sauf les exceptions ci-après. { De plus de 150 tonneaux à 300 inclusivement. (*Idem.*)...	6 » par navire.
Sauf les exceptions ci-après. { De plus de 300 tonneaux. (*Idem.*).........................	15 » par navire.
De 5 tonneaux et au dessous. (*Déc. minist. du 19 brum. an 10.*)..........	Exempts.
Exempts du droit de tonnage. (*Déc. du 23 pluviose an 2.*)...............	
Navires étrangers.	
Sauf les exceptions ci-après. { De 200 tonneaux et au dessous. (*Loi du 27 vendémiaire an 2, art. 35.*)..	18 » par navire.
Sauf les exceptions ci-après. { De plus de 200 tonneaux. (*Idem.*).........................	36 » par navire.

Pavillon	Tonnage	Titre	Droit
Anglais. Smogleurs (24). (*Arrêté du 21 frimaire an 10.*)			Exempts.
Anglais. Venant des possessions anglaises en Europe.	De 150 tonneaux et au dessous.	*Traité du 26 janvier 1826.*)	2 » par navire.
Espagnols	De plus de 150 à 300 tonneaux.	(*Conv. du 15 août 1761.*)	6 » par navire.
Américains	De plus de 300 tonneaux.	(*Ordonn. du 3 septembre 1822*).	15 » par navire.
Mexicains		(*Circ. du 27 juin 1827.*)	
Brésiliens		(*Circ. du 19 octobre 1826, n° 1014.*)	
De tous pavillons. Admis exceptionnellement à faire le cabotage (45)		(*Arrêté du 17 thermidor an 3.*)	
De tous pavillons. De 5 tonneaux et au dessous. (*Déc. du 19 brumaire an 10.*)			Exempts.
De tous pavillons. De 80 tonneaux et au dessous, venant, sur lest ou avec des marchandises taxées à moins de 20 fr. par 100 kilogrammes, charger des huîtres dans les ports de la Manche. (*Déc. minist. du 8 avril 1830.*)			Exempts.
De tous pavillons. Exempts du droit de tonnage. (*Déc. du 23 pluviose an 2.*)			Exempts.

DROIT DE CONGÉ DES NAVIRES FRANÇAIS (46).

Désignation	Droit
De 30 tonneaux et au dessus pour toute destination (47). *Ord. du 23 juillet 1838; Circ. n° 1701.*)	6 » par acte.
Au dessous de 30 tonneaux (48). Pontés. (27 *vendémiaire an 2, art. 6.*).	3 » par acte.
Au dessous de 30 tonneaux (48). Non pontés. (*Idem.*)	1 » par acte.
Naviguant en rivière, sans emprunt de la mer (49), sans distinction de tonnage. (*Circ. du 10 juin 1829, n° 1168.*)	Exempts (50).
Employés sur la côte pour l'usage personnel des propriétaires ou servant aux pilotes lamaneurs (49), de 2 tonneaux et au dessous. (*Déc. du 2 juin 1832.*)	Exempts (50).

DROIT DE PASSE-PORT DES NAVIRES ÉTRANGERS.

Désignation	Droit
Sans distinction de tonnage et de pavillon. (27 *vendémiaire an 2, et déc. du 5 pluviose an 5.*) (51)	1 » par acte.

DROIT D'ACQUIT (52).

Désignation	Droit
Navires français. (27 *vendémiaire an 2, art. 37.*)	» 50 par acte.
Navires étrangers.	
Sauf les exceptions ci-après. (*Idem.*)	1 » par acte.
Anglais. Smogleurs (24). (*Idem.*)	1 » par acte.
Anglais. Venant des possessions anglaises en Europe. (*Traité du 26 janvier 1826.*)	» 50 par acte.
Espagnols. (*Conv. du 15 août 1761.*)	» 50 par acte.
Américains. (*Ordon. du 3 septembre 1822.*)	» 50 par acte.
Mexicains. (*Circ. du 27 juin 1827.*)	» 50 par acte.
Brésiliens. (*Circ. du 19 octobre 1826, n° 1014.*)	» 50 par acte.
De tous pavillons admis exceptionnellement à faire le cabotage (53). (*Arrêté du 17 thermidor an 3.*)	» 50 par acte.

DROIT DE PERMIS (54).	
Navires français.	
Sauf les exceptions ci-après. (*Loi du 27 vendémiaire an 2, art. 37.*).....	» 50 par acte.
Produits de la pêche faite sur les côtes du royaume. (*Décret du 10 mars 1809.*)........	
Provisions de bord (55). (*Déc. du 14 thermidor an 5.*)........	
Cargaisons provenant de prises (56). (*Arrêté du 2 prairial an 11.*)......	Exempts (62).
Effets de marins et ustensiles de pêche (57). (*Déc. du 16 novembre 1831.*)	Voir pour les *effets des voyageurs*, la note 57.
Transbordements (58). (*Déc. du 18 prairial an 7.*)........	
Transports en rivière sans emprunt de la mer (59). (*Circ. du 10 juin 1829, n° 1168.*)........	
Débarquement d'un navire qui ne peut sortir du port (60). (*Déc. administ.*)	
Navires étrangers.	
Sauf les exceptions ci-après. (*27 vendémiaire an 2, art. 37.*)........	1 » par acte.
Anglais (55)..... Smogleurs. (*Idem.*)........	
Anglais (55)..... venant des possessions anglaises en Europe où y allant. (*Traité du 26 janvier 1826.*)........	
Espagnols. (*Conv. du 15 août 1761.*)........	
Américains. (*Ordon. du 5 septembre 1822.*) (55)........	
Mexicains. (*Circ. du 27 juin 1827.*)........	
Brésiliens. (*Circ. du 19 octobre 1826, n° 1014.*)........	» 50 par acte.
Vénézuéliens. (*Ordon. du 5 juin 1834, et circ. du 18 décembre suiv., n° 1465.*)........	
Grenadins. (*Idem.*)........	
De tous pavillons. Admis à faire le cabotage (61). (*Arrêté du 17 thermidor an 3.*)........	
De tous pavillons. Effets des marins morts en mer, et que la marine envoie à leurs familles. (*Circ. manusc. du 24 juillet 1826.*)........	
De tous pavillons. Transbordements (58). (*Déc. du 18 prairial an 7.*)...	
De tous pavillons. Débarquement d'un navire qui ne peut sortir du port. (*Déc. admin.*)........	Exempts (61).
Réintégration des sels de pêche sur les marais. (*Déc. admin. du 28 novembre 1837.*)........	
Houilles extraites des entrepôts et consommées en rivière. (*Déc. admin. du 3 mai 1837.*)........	
Marchandises provenant d'épaves. (*Déc. admin. du 27 novembre 1827.*)..	
DROIT DE CERTIFICAT (63).	
Navires français. (*27 vendémiaire an 2, art. 37.*)........	» 50 par acte.
Navires étrangers.	
Sauf les exceptions ci-après. (*Idem.*)........	1 » par acte.
Anglais......... Smogleurs. (*Idem.*)........	
Anglais......... Venant des possessions britanniques en Europe ou y allant. (*Traité du 26 janvier 1826.*)........	» 50 par acte.
Espagnols. (*Conv. du 15 août 1761.*)........	

Américains. (*Ordon. du 3 septembre* 1822.)........................	» 50 par acte.
Mexicains. (*Circ. du 27 juin* 1827.)........................	
Brésiliens. (*Circ. du 19 octobre* 1826, *n°* 1014.)........................	
Vénézuéliens. (*Ordon. du 5 juin 1834, et circ. du 18 décembre suiv., n°* 1465.)........................	
Grenadins. (*Idem.*)........................	
De tous pavillons, admis exceptionnellement à faire le cabotage (64). (*Arrêté du 17 thermidor an* 3.)........................	

NOTES ET RENVOIS.

(1) Il y a exemption de francisation, et par conséquent du droit applicable à cet acte, à l'égard : 1° des bâtiments, quel que soit leur tonnage, qui restent en rivière en deçà du dernier port situé à l'embouchure (décision du 27 frimaire an 3); 2° des canots et chaloupes dépendants de navires francisés ; 3° des canots d'un ou de deux tonneaux, appartenant à des habitants voisins de la côte, et qui ne s'en servent que pour leur usage personnel, à l'exclusion de tout transport de marchandise. (*Circ. du 31 octobre* 1828, *n°* 1132.)

Si le bâtiment change de forme ou de tonnage, l'acte de francisation est renouvelé sans autres frais que ceux du parchemin et du timbre. Il en est de même si le renouvellement de l'acte a lieu pour cause de vétusté, ou comme n'offrant plus de place pour inscrire les mutations de propriété. (*Loi du 27 vendémiaire an 2, art.* 21; *circ. des 28 ventose an* 13; 25 *octobre* 1826, *n°* 1016; 30 *juin* 1828, *n°* 1108; 23 *septembre* 1832, *n°* 1345, *et lettre admin. du* 31 *décembre* 1819.) Mais le propriétaire qui a perdu l'acte de francisation n'en obtient un nouveau que sous le paiement des droits. (*Loi du 17 vendémiaire an 2, art.* 20.)

(2) Ce droit supplémentaire n'est dû que pour chaque 100 tonneaux *complets* au dessus de 300. Ce droit doit être perçu lorsqu'on délivre le brevet de francisation ou l'acte provisoire qui en tient lieu (*Circ. 5 août* 1836, *n°* 1559.)

(3) Il n'y a jamais qu'un seul droit à exiger pour l'inscription du transfert, quel que soit le nombre des cessionnaires, acquéreurs ou héritiers. Toutefois, si l'on reconnaît qu'une vente antérieure n'a pas été inscrite sur le brevet, on doit, en faisant acquitter le second droit, faire aussi payer le premier. (*Circ. du 24 mai* 1817, *n°* 278, *et lettre administ. du* 12 *vendémiaire an* 6.) Ce droit est dû sur la contenance totale du navire de moins de 100 tonneaux, quelle que soit la portion du navire qui fait l'objet de l'endossement. (*Déc. adm. du 23 juillet* 1836.)

(4) Le droit de tonnage est un droit d'abord ; il est dû par le seul fait de l'entrée du navire dans un port, qu'il soit chargé ou au lest, sa station ne fût-elle que de quelques heures. (*Loi du 27 vendémiaire an 2, et déc. du* 23 *prairial an* 2.)

L'espace *gardé par un bureau de douane* et consacré aux opérations commerciales constitue un *port*. Ainsi les relâches dans les golfes, anses et baies où il n'y a pas de bureau et qui ne font pas partie d'un *port gardé*, ne donnent pas ouverture au droit. (*Déc. minist. du 12 thermidor an 4, et déc. des 27 brumaire et 29 pluviose an* 5.)

Le droit de tonnage se paie dans les vingt jours de l'arrivée et avant le départ du navire. (*Loi du 4 germinal an 2, tit. III, art.* 12.)

Il affecte proportionnellement la fraction du tonneau incomplet. (*Décis. du 24 messidor an* 12.)

Il se perçoit sur les résultats du jaugeage effectué par les employés des douanes, d'après l'ordonnance du 18 novembre 1837. (*Circ. n°s* 1665 *et* 1698.)

A l'égard des navires étrangers qui viennent, par continuation d'un même voyage, d'un autre port de

France, on peut se dispenser de procéder à un nouveau jaugeage, et, dans ce cas, les droits sont perçus d'après le jaugeage constaté au port de prime abord. (*Circ. du* 19 *août* 1828, *n°* 1117.)

(5) Le droit est exigible sur la contenance totale du navire qui a pris d'abord partie de son chargement à l'étranger et ensuite l'autre partie dans une colonie française ou dans un comptoir français, quelle que soit la portion du chargement pris à l'étranger. Mais si, ayant fait la même opération, il vient en dernier lieu de l'étranger, il est exempt. (*Déc. admin. du* 22 *septembre* 1836.)

Un navire français qui prend à l'étranger une cargaison d'un autre navire français venant d'une colonie française ou d'un comptoir français est exempt, attendu qu'il vient de l'étranger, bien qu'il apporte des marchandises prises dans une colonie française ou dans un comptoir français (*Déc. du* 15 *avril* 1837).

(6) Le traité du 26 janvier 1826 n'étant point applicable aux smogleurs, les bâtiments français qui font le smoglage restent, d'après la loi générale, affranchis du droit de tonnage.

(7) Les exemptions rappelées plus bas s'appliquent nécessairement aux paquebots qui peuvent se trouver dans les cas qu'elles prévoient.

(8) Les droits sont exigibles pour le tonnage entier : 1° si le nombre des passagers égale ou dépasse celui des tonneaux constatés par la jauge ; 2° si ce nombre est reconnu excéder celui déclaré en douane, ou si on acquiert la preuve du débarquement clandestin d'un ou de plusieurs passagers non compris dans la déclaration ; 3° si le paquebot, après n'avoir amené que des passagers, repart avec des marchandises en quantité quelconque. (*Déc. minist. du* 13 *mars* 1832, *circ. du* 21, *n°* 1311.)

Les enfans, quel que soit leur âge, sont comptés comme passagers. (*Lettre du* 5 *juillet* 1832.)

Le nombre des passagers à l'arrivée sert seul de base à la perception des droits ; ceux pris au départ ne sont pas comptés. (*Déc. minist. du* 27 *juin* 1832, *lettre du* 30.)

Le paquebot qui vient sur lest chercher des voyageurs ne paie aucun droit. (*Même lettre.*)

Les paquebots de malle, chargés spécialement du transport des lettres et journaux, doivent, qu'ils aient ou non des voyageurs, le droit intégral de tonnage. (*Même lettre.*)

Les objets de provision que les voyageurs prennent avec eux, s'ils sont en faible quantité, ne doivent point faire obstacle à la perception du droit telle qu'elle est autorisée par la décision du 13 mars 1832. Cette règle s'étend aux voitures, chevaux, effets, meubles et articles de mode ou de fantaisie, pourvu que la condition des passagers puisse faire supposer, avec vraisemblance, que ces objets sont à eux et pour leur usage personnel. Mais il n'en est pas de même de ce que ces voyageurs déclarent comme étant destiné à des amis ou à d'autres personnes non présentes sur le paquebot. (*Déc. du* 31 *juillet* 1832.)

Le thé qu'on charge à titre de provision de bord doit avoir acquitté les droits ; on n'en peut tirer en franchise des entrepôts, et si l'on en tirait, le droit de tonnage serait dû sur la contenance du paquebot. (*Déc. minist. du* 27 *juin* 1832.)

Le paquebot qui ne charge que de la houille nécessaire à sa navigation conserve ses droits au bénéfice de la décision ministérielle du 13 mars 1832 (*Déc. du* 16 mai 1836.)

Les espèces monnayées et les matières d'or et d'argent ne sont pas considérées comme marchandises. (*Déc. minist. des* 9 *octobre* 1832 *et* 21 *octobre* 1835.)

(9) Ainsi on perçoit par passager 1 franc, 45 centimes ou 30 centimes, selon que le paquebot vient des possessions britanniques en Europe ou de nos colonies.

(10) Les navires *chargés* qui, venant de l'étranger, de la course ou de la pêche, se rendent, avec tout ou partie de leur chargement, du port de prime-abord dans un ou plusieurs autres ports du royaume, jouissent également, dans ces ports secondaires de l'immunité, des droits, pourvu toutefois qu'ils n'aient fait, dans les ports d'escale, aucun chargement de marchandises.

(11) La relâche forcée qu'un navire français venant de l'étranger fait dans un port du royaume autre que celui de sa destination, ne le prive pas de l'immunité des droits dans ce dernier port, s'il s'est abs-

tenu, dans celui de relâche, de toute opération de commerce, et si d'ailleurs la nécessité de la relâche a été régulièrement constatée. (Voir la note 30.) (*Déc. du 7 avril* 1829.)

(12) L'immunité accordée aux navires pêcheurs s'étend à ceux qui les suppléent en transportant les produits de la pêche au lieu le plus avantageux pour la vente. (*Déc. minist. du* 28 *pluviose an* 10, *circ. du* 3 *ventose suivant.*)

(13) Les bâtiments frétés pour le compte de l'État, exempts du droit de tonnage, sont ceux dont l'équipage est nourri et soldé par le gouvernement. (*Déc. minist. des* 17 *brumaire an* 5 *et* 6 *pluviose an* 7.)— Le droit est dû au contraire si le bâtiment est frété à tant par tonneau ; mais lorsque le capitaine ne peut faire l'avance de ce droit, le chef civil ou militaire qui expédie le bâtiment, fournit, pour le capitaine, la soumission de l'acquitter à la fin du mois au bureau des douanes. (*Circ. du* 21 *prairial an* 4.) — Les droits de navigation seraient dus si les navires de l'État ou frétés pour son compte prenaient des objets de commerce. Ils n'ont d'ailleurs droit à la franchise qu'autant qu'ils ont à bord : 1° l'ordre spécial de service indiquant le lieu d'où ils partent et où ils prennent leur chargement; 2° une facture signée des administrateurs des ports, sur laquelle sont désignées la nature et la destination du chargement. Si, à une cargaison ainsi légitimée, on avait ajouté des marchandises de commerce, les droits de navigation deviendraient exigibles pour le tout. — En cas de contravention on devrait, avant d'en rendre compte, prévenir le commissaire de marine afin qu'il employât son autorité pour contraindre les commandants des navires à remplir leurs obligations. (*Ordre du minist. de la marine, circ. du* 22 *septembre* 1819, *n°* 520.)

(14) Un parlementaire perd son titre à l'immunité lorsqu'il a à bord des marchandises, ou même s'il amène des passagers, à moins que ce ne soient des prisonniers (*déc. minist. du* 8 *vendémiaire an* 10) ou des passagers dont les frais de passage sont à la charge du gouvernement. (*Déc. du* 14 *pluviose an* 12.) Mais, aux termes de la décision du 3 nivose an 5, le navire parlementaire peut, sans cesser d'avoir droit à la franchise, prendre au retour des marchandises ou des passagers.

(15) C'est-à-dire de Méditerranée en Méditerranée, d'Océan en Océan, et de la Méditerranée dans l'Océan ou de l'Océan dans la Méditerranée.

(16) Le sauvetage de la cargaison ne prive pas de l'immunité.

(17) L'immunité doit être refusée si la relâche donne lieu à une opération commerciale quelconque. (*Circ. du* 9 *juillet* 1832, *n°* 1333.)

(18) Dans aucun des cas où il y a dispense des droits de tonnage, les réparations que subissent les navires (français ou étrangers) ne sont un obstacle à cette dispense. (*Déc. minist. du* 12 *septembre* 1825, *circ. du* 23, *n°* 943.)

(19) Un navire étranger, qui apporte de l'étranger une cargaison d'un navire français qui a fait naufrage, paie le droit qui affecte son pavillon, bien que la cargaison ait été prise à l'étranger, en France ou dans une colonie française. (*Code admin. du* 8 *décembre* 1838.)

(20) Les navires espagnols, assimilés aux navires français par la convention du 15 août 1761, sont admis à faire le cabotage. (*Circ. des* 17 *mars*, 20 *septembre* 1817 *et* 10 *janvier* 1827.)

(21) Pour qu'un navire soit considéré comme vénézuélien ou grenadin, il faut qu'il appartienne de *bonne foi* à des Vénézuéliens ou à des Grenadins, que le capitaine et les trois quarts de l'équipage au moins soient originaires de Vénézuéla ou de la Nouvelle-Grenade, et qu'il soit de plus muni d'un registre constatant les renseignements propres à établir ces faits. (*Circ. du* 18 *décembre* 1834, *n°* 1465.) D'après le principe rappelé à la note 11, les navires de ces deux puissances, qui se rendent des ports de prime abord à d'autres ports de France, sont également exempts du droit.

(22) Ce droit est exigible dans chacun des ports où le navire anglais se rend pour décharger une partie de sa cargaison. (*Circ. manusc. du* 31 *mars* 1835.)

(23) Le droit est dû si la relâche forcée n'est pas régulièrement constatée (Voir la note 30), ou si elle donne lieu à une opération commerciale quelconque. (*Traité du 26 janvier 1826, art. 5, et circ. du 30 décembre 1834, n° 1471.*)

(24) Les navires anglais de 30 tonneaux et au dessous, qui viennent dans les ports de la Manche sur lest ou avec des marchandises taxées à moins de 20 francs par 100 kilogrammes, sont de droit réputés smogleurs, lors même qu'on ne les déclarerait pas tels, s'ils prennent des marchandises étrangères dans les entrepôts du smoglage. (*Circulaire du 30 juin 1825, n° 922, et décision du 9 septembre 1834.*)

(25) Il faut que la nationalité du navire soit constatée. (Voir la note 21.) Au moyen de ce droit de 5 francs par tonneau, lequel est exempt du décime, et qui se perçoit d'après le tonnage énoncé dans les registres de bord, les navires des États-Unis et du Mexique sont assimilés aux navires français pour les autres droits ou taxes de navigation. (*Circ. des 19 septembre 1822, n° 753, et 27 juin 1827, n° 1050.*)

(26) Il faut pour jouir de l'immunité que la relâche, réellement et évidemment forcée, soit régulièrement constatée (30) et ne donne lieu à aucune opération de commerce. On ne devra point considérer comme opération de commerce les déchargements et rechargements nécessités par la réparation du navire; mais il en serait autrement si le bâtiment ne reprenait pas toutes les marchandises mises à terre, ou s'il en recevait d'autres. (*Circ. du 10 juillet 1835, n° 1491.*)

(27) Le navire étranger qui, en vertu d'une autorisation spéciale, vient sur *lest* prendre un chargement pour un autre port de France, est à son arrivée traité comme français, et ne paie conséquemment aucun droit, quel que soit son point de départ. Mais si, au lieu d'être sur *lest*, le navire arrive de l'étranger avec une cargaison quelconque, il est passible du droit afférent à son pavillon. (*Déc. minist. du 22 pluviose an 7, circ. du 25.*) Ce dernier droit est également dû, tant par les navires sur lest que par les navires chargés, si l'autorisation de cabotage n'est donnée qu'après son entrée dans le port.

(28) Le droit exigible est celui qui affecte le pavillon du paquebot.

Si parmi les effets des passagers il se trouve des marchandises, il faut renvoyer celles ci à l'étranger. (*Circ. manus. du 30 août 1837.*)

(29) Étant traités comme français, ils doivent être affranchis du droit de tonnage, et n'acquitter celui de permis que sur le même pied que les nationaux.

Sont reconnus navires mecklenbourgeois, ceux dont les propriétaires et les officiers sont sujets mecklenbourgeois ou qui ont un équipage composé de deux tiers au moins de sujets munis d'un registre ou d'autres documents propres à établir ces faits.

(30) Il faut, pour jouir de l'immunité, que la relâche, réellement et évidemment forcée, soit régulièrement constatée dans la forme prescrite par l'article 1er du titre 6 de la loi du 22 août 1791, et par l'article 2 du titre 2 de la loi du 4 germinal an 2.

(31) Les navires sont censés *sur lest* si les marchandises qu'ils ont à bord ne forment pas le 20e de leur tonnage. Néanmoins ces marchandises donnent ouverture à la perception du droit dans la proportion de la place qu'elles tiennent. — Les cargaisons de sel doivent être considérées comme complètes, et dès lors motiver l'affranchissement total lorsqu'elles équivalent aux 14/15es de la capacité du navire. Toutefois, si l'autre 15e est en totalité ou en partie occupé par d'autres marchandises, le droit se perçoit au prorata de l'encombrement. — Si les cargaisons de sel ne représentent pas les 14/15es de la capacité des navires, ce droit est exigible sans défalcation du 15e de tolérance dont il est parlé ci-dessus pour toute la partie du tonnage qui ne contient pas du sel, soit qu'elle reste vacante ou qu'on y place d'autres objets. (*Circ. du 23 janvier 1832, n° 1299.*)

(32) Cette exemption ne s'applique qu'aux embarcations qui servent à transporter, dans un même port,

ou dans une même rivière, des marchandises prises à bord d'un navire qui a lui-même acquitté les droits de tonnage ou qui en était exempt. (*Déc. minist. du 25 mai* 1806. *Circ. du* 28.)

Le trajet d'un port situé en rivière à un autre port situé dans une autre rivière en empruntant la mer, donne ouverture au droit. (*Déc. minist. du* 11 *fructidor an* 5.)

(33) Les navires étrangers ne sont employés comme allèges qu'en cas d'urgence. (*Cir. du* 9 *juillet* 1832, *n°* 1333.)

(34) Pour jouir de l'immunité, il faut justifier du paiement des droits au port de prime-abord (*circ. du* 5 *février* 1833, *n°* 1371), et, si ce port est celui de Marseille, prouver qu'on y a débarqué ou embarqué des marchandises d'un encombrement supérieur au dixième du tonnage du navire.—Le droit serait dû nonobstant ces justifications, si l'on effectuait un déchargement quelconque dans les ports secondaires. (*Circ. du* 6 *décembre* 1831, *n°* 1289.)

(35) L'exemption du droit leur est acquise même lorsqu'ils ne trouvent rien à charger. (*Déc. minis. du* 4 *mai* 1829; *circ. du* 14, *n°* 1161.)

(36) L'immunité a lieu quand même le navire ne serait pas déclaré de bonne prise, pourvu qu'il n'y ait eu ni achat ni vente de marchandises. (*Circ. du* 9 *juillet* 1832, *n°* 1333.)

(37) Cette disposition n'a d'effet qu'à titre de réciprocité ; elle n'est applicable aujourd'hui qu'aux navires napolitains, toscans, suédois et norwégiens. (*Cir. des* 11 *décembre* 1828, *n°* 1134, 10 *avril et* 30 *mai* 1829, *n^os* 1156 *et* 1166.)— D'après la décision précitée du 4 août 1828, les Néerlandais jouissent même, dans le cas qu'elle prévoit, de l'immunité absolue des droits de navigation. (*Circ. du* 12 *octobre* 1829, *n°* 1183.)— Mais, à l'égard de ces cinq pavillons, l'intégralité du droit serait exigible si la nécessité de la relâche n'était pas régulièrement constatée, ou si elle était suivie d'une *opération quelconque* (1) de commerce.

(38) La destination pour un port français doit être assurée par un acquit-à-caution. A défaut de caution, le droit serait exigible, et les employés certifieraient au dos de l'acquit de paiement que le bâtiment n'a opéré ni chargement ni déchargement, et que la relâche n'a réellement eu lieu que par force majeure (circonstances sans lesquelles ce droit serait dû); en produisant cette quittance, le capitaine serait affranchi des droits au port de destination. — En cas de relâches forcées subséquentes dans d'autres ports, où toujours le navire n'aura fait ni chargement ni déchargement, les employés se borneront à constater ces relâches en visant l'acquit-à-caution ou l'acquit de paiement des droits. (*Circ. des* 3 *floréal an* 4, 1er *frimaire an* 6 *et* 10 *messidor an* 10.)

(39) L'immunité n'est acquise qu'autant que l'on justifie du paiement des droits au premier port de relâche, et qu'on n'effectue dans les ports secondaires ni chargement ni déchargement. (*Ordon. du* 24 *février* 1815.)

(40) Le droit serait dû si l'on ne justifiait pas du paiement des droits de navigation au port français d'où l'on vient, ou si l'on faisait à celui de relâche un déchargement *quelconque* (2) de marchandises. (*Circ. du* 13 *avril* 1817, *n°* 272, *et déc. minist. du* 20 *novembre* 1831 ; *circ. du* 6 *décembre, n°* 1289.)

(41) Il faut, pour jouir de l'immunité, que la cargaison soit réexportée en entier dans d'autres navires. (*Circ. du* 11 *frimaire an* 6.) Le droit serait dû si tout ou partie de la cargaison était mis en entrepôt.

---

(1) Quand un navire étranger se rendant de l'étranger à l'étranger relâche dans un port français, on entend par *opération quelconque* un embarquement aussi bien qu'un débarquement (*Déc. du* 31 *octobre* 1835.)

(2) Quand un navire étranger, en se rendant d'un port de France à l'étranger, relâche dans un port français, il est exempt lors même qu'il ferait un chargement pour l'étranger. (*Même déc.*)

Nota. Cette décision est basée sur ce que de semblables opérations facilitent l'exportation de nos produits.

(42) Il faut que le capitaine s'abstienne de toute opération commerciale et qu'il reprenne la mer aussitôt que le danger est passé. (*Déc. du 1er ventose an 12.*)

(43) Le navire doit repartir dès qu'il est possible de remettre à la voile, sans avoir fait ni chargement ni déchargement. (*Cir. du 15 avril* 1816, *n°* 142.)

(44) Comme le droit de tonnage, le droit d'expédition affecte exclusivement le corps du navire, et bien que, d'après les termes de l'article 35 de la loi du 27 vendémiaire an 2, il semble supposer le double fait de l'*entrée* et de la *sortie*, il est indivisible comme le droit de tonnage; comme celui-ci, il est dû par le seul fait de l'entrée des navires dans un port, il se perçoit comme lui dans les vingt jours de l'arrivée et avant le départ du navire; en un mot, il est inhérent au droit de tonnage; il n'est dû que lorsqu'il y a lieu de percevoir ce droit, et, en conséquence, toutes les fois qu'un navire est exempt du droit de tonnage, il l'est également de celui d'expédition. (*Déc. minist. des 23 pluviose et* 8 *ventose an* 2.) — Toutes les dispositions contraires à cette règle et particulièrement les circulaires des 9 brumaire an 4 et 26 thermidor an 6 doivent être considérées comme non-avenues.

(45) Dans les cas où, d'après la note 27, il y a lieu de percevoir le droit de tonnage afférent aux navires étrangers, on doit également exiger le droit d'expédition qui affecte ces mêmes navires.

(46) Aucun navire français, chargé ou sur lest, ne peut prendre la mer sans être nanti d'un congé. (*Loi du 27 vendémiaire an 2, art.* 22.) — Toutes les fois que le droit de congé est exigible, le congé lui-même doit être délivré. (*Circ. du* 17 *février* 1832, *n°* 1305.)

(47) Les bâtiments de ce tonnage ne sont astreints, dans tous les cas, qu'à prendre un congé chaque année. (*Ord. du* 23 *juillet* 1838, *circ. n°* 1701.)

(48) Sans égard à la destination de ces navires, les congés qu'on leur délivre sont également valables pour un an. (*Loi du* 27 *vendémiaire an* 2, *art.* 5.)

(49) Comme moyen de police pour la douane, on délivre à ces navires, ou embarcations, des congés annuels dont on ne fait payer que le timbre. (*Déc. du* 18 *germinal an* 8 *et* 2 *juin* 1832.)

(50) Cette exemption s'étend aux navires qui naviguent dans l'intérieur d'une même rade. (*Circ. manusc. du* 9 *juillet* 1829.)

(51) Tout navire étranger qui sort d'un port de France doit se munir d'un passe-port. (*Circ. des* 17 *vendémiaire an* 3 *et* 9 *brumaire an* 4.) — Les smogleurs n'en sont pas exempts (*Déc. du* 9 *pluviose an* 10.) — Quand, à défaut d'imprimés, on vise un ancien passe-port, le droit est dû. (*Déc. du* 31 *décembre* 1819.)

(52) Le droit d'acquit n'est dû que lorsqu'un navire donne ouverture aux droits principaux de navigation. (*Déc. des* 9 *ventose an* 9 *et* 21 *germinal an* 11.) — On ne doit considérer comme droits principaux de navigation que ceux de tonnage et d'expédition. (*Déc. des* 23 *janvier* 1807, 6 *juin* 1832 *et* 23 *octobre* 1833.)

(53) Dans le cas où, d'après la note 27, il y a lieu de percevoir le droit de tonnage afférent aux navires étrangers, on exige également le droit d'acquit qui affecte ces mêmes navires. (1 fr.)

(54) C'est un droit de navigation qui ne s'applique qu'aux cargaisons. (*Loi du* 27 *vendémiaire an* 2, *art.* 37.)—Il se paie pour chaque embarquement ou débarquement de marchandises. (*Déc. des* 27 *pluviose et* 16 *ventose an* 2, *et* 17 *floréal an* 5.)—Il est perceptible lors même que, pour quelque cause que ce soit, le bâtiment est affranchi du droit de tonnage. (*Déc. du* 12 *ventose an* 7.)—Un seul permis suffit, quelle que soit la durée de l'embarquement ou du débarquement, lorsqu'il n'y a qu'un seul envoyeur ou destinataire, et que les marchandises sont compri ses dans une seule et même déclaration. (*Cir. du* 16 *ventose an* 4.) Toutefois, le permis d'embarquement doit être restreint à la quantité de marchandises qu'il est possible de réunir dans le lieu désigné pour la visite. (*Loi des* 8 *floréal an* 11, *art.* 74, *et* 27 *juillet* 1822, *art.* 15.)

(55) Le permis reste entre les mains du capitaine ; c'est le titre de nationalité des provisions non consommées dans la traversée, et sans lequel ces restants, traités comme marchandises étrangères au port d'arrivée, seraient soumis au droit de permis. (*Déc. du 14 thermidor an 5, et circ. du 22 octobre 1829, n° 1185.*) Les navires *anglais* et ceux *américains* sont traités pour les provisions de bord comme les bâtimens français. (*Lettre admin. du 27 décembre* 1837.)

(56) Le déchargement des marchandises provenant de prises étant réglé par les chapitres 2 et 3 du titre 2 de l'arrêté du gouvernement du 2 prairial an 11, il n'y a pas lieu de délivrer de permis de débarquer.

(57) Cette exemption s'étend aux effets des marins morts en mer, et que l'administration de la marine renvoie à leur famille. (*Cir. manusc. du 24 juillet 1826.*) Elle s'applique aussi aux effets des voyageurs. (*Circ. du 20 avril* 1838, *n°* 1680.)

(58) Pour jouir de l'immunité, il faut, selon qu'il s'agit d'exportations ou d'importations, que les marchandises que l'on transborde aient déjà payé le droit de permis, ou qu'elles y soient ultérieurement assujéties. (*Déc. des 18 prairial an 7 et 31 décembre* 1819.)

(59) L'exemption s'étend aux transports qui ont lieu dans l'intérieur d'une même rade. (*Cir. manusc. du 9 juillet* 1829.)

(60) Cette exemption s'applique à des marchandises qui, après avoir été embarquées sous le paiement du droit de permis, sont remises à terre, le navire étant, par un événement quelconque, dans l'impossibilité de sortir du port.

(61) Dans tous les cas d'exemption, le permis est délivré, mais il l'est *gratis*.

(62) Dans les cas où, d'après la note 27, il y a lieu de percevoir le droit de tonnage afférent aux navires étrangers, on exige aussi le droit de permis de 1 franc qui affecte ces mêmes navires.

(63) Sont passibles de ce droit tous certificats relatifs à l'embarquement ou au débarquement, au départ ou à l'arrivée de tout ou partie d'une *cargaison*, qui sont délivrés soit en vertu d'un jugement, soit sur la demande directe des intéressés. (*Déc. du 16 ventose an 4.*) — Le droit de certificat n'affectant que les *cargaisons*, les certificats de jauge qui se rapportent aux navires n'en sont point passibles.

(64) Dans les cas où, d'après la note 27, il y a lieu de percevoir le droit de tonnage afférent aux navires étrangers, on exige également le droit de certificat de 1 franc, qui affecte ces mêmes navires.

JAUGE DES NAVIRES.

845—594 *des Suppl.* Lorsqu'il s'agit de procéder au jaugeage d'un navire, les dimensions d'après lesquelles se calcule le tonnage doivent être relevées de la manière suivante : la première longueur des bâtiments à deux ponts et la longueur unique des navires à un pont, sont prises sur le pont, *de dedans en dedans*, de l'étrave à l'étambot. C'est sur ces deux pièces du navire que le vérificateur-jaugeur doit fixer les clous de jaugeage dont l'ordonnance du 18 novembre 1837 prescrit l'apposition. (*Loi du 12 nivose an* 2 ; *Circ. des* 8 *thermidor an* 10 *et* 12 *mars* 1838, *n°* 1678.)

846—1186. Le mode de jaugeage prescrit par l'ordonnance du 18 novembre 1837 et par les instructions postérieures, pour établir le tonnage des navires français, doit être suivi pour les navires étrangers arrivant dans nos ports, en tout ce qui est applicable à ces bâtiments. (*Déc. admin. du* 11 *septembre* 1838.)

847—594 *des Suppl.* Afin de constater avec précision, lors du jaugeage, les dimensions des navires, il est prescrit aux vérificateurs de faire usage d'un *ruban-mesure*, et de faire fréquemment la vérification de ce ruban. Les bureaux sont, à cet effet, pourvus d'un double mètre et d'un double décimètre en bois que l'on emploie en suivant les indications données par l'administration (1). (*Circ. du* 17 *février* 1838, *n°* 1673.)

POLICE DES NAVIRES.

848—596 *des Suppl.* Lorsque les receveurs, par suite du changement de port d'attache d'un navire, envoient le dossier de ce bâtiment à l'administration pour être transmis au receveur du port de nouvelle attache, ils ne doivent jamais omettre d'indiquer sur chaque dossier le nom de ce dernier port. (*Lettre de l'admin., du* 5 *décembre* 1837.)

TITRE XIV.

LOCALITÉS ET MARCHANDISES SOUMISES A UN RÉGIME EXCEPTIONNEL.

ILE DE CORSE.

Expéditions de la Corse pour la France.

849—1231. Le port de *Cannes* est ajouté à ceux qui peuvent recevoir les productions du sol de la Corse (les produits de la terre et les peaux brutes), en exemption des droits de sortie de l'île et de ceux d'entrée en France. Cette exemption n'est accordée qu'autant que l'acquit-à-caution destiné à assurer leur transport, est appuyé de certificats constatant leur origine.

Il y a dispense de ce certificat pour les huiles d'olive. (*Loi du* 17 *mai* 1826, *art.* 3; *Ordon. du* 23 *juillet* 1838 ; *Circ. n°* 1702.)

PORT DE MARSEILLE.

850—1249. L'exemption de surtaxe dont jouissent, dans les cas spécialement déterminés, les marchandises du Levant et d'autres pays lorsqu'elles arrivent à Marseille, n'est accordée que pour ce dernier port exclusivement. Les marchandises expédiées de Marseille par suite d'entrepôt sur d'autres ports de France ne participent pas à cette exemption. (*Déc. admin. du* 23 *août* 1828.)

DRILLES ET CHIFFONS.

Exportation.

851—1314 *bis.* Les pâtes de chiffons destinées à être remises sous la meule pour la fabrication du papier peuvent être exportées en acquittant les droits. Il n'en est pas de même des *cartons de simple moulage*, dits aussi *pâte de papier en feuilles*, et de la pâte de papier en *rame* ou en *meule*; ils sont, comme matières propres à la fabrication du papier, soumis à la prohibition de sortie. (*Circ. du* 18 *octobre* 1838, *n°* 1715.)

VOITURES.

Importation.

852—1348 *bis.* Les préposés placés près d'un bureau frontière sont fondés à exiger

(1) La jauge d'un navire est une opération qui a de l'importance. Par le bon emploi du ruban-mesure on parvient à l'établir avec exactitude. Une instruction sur cet emploi a été donnée par l'administration (*circ. n°* 1673). Elle fait connaître la description de l'instrument; la construction du ruban; comment on vérifie cette mesure; comment on procède au jaugeage, et de quelle manière on conserve le ruban.

que le conducteur d'une voiture fasse, à la douane, une déclaration *de l'espèce* à laquelle appartient, d'après les classifications du tarif, la voiture dont il réclame l'introduction. Une fausse déclaration, en pareil cas, est punie des peines de la loi.

Le contrevenant est passible, savoir : de la confiscation avec amende de 500 francs, si la déclaration tendait à le faire admettre au bénéfice de la consignation pour une voiture placée en dehors des conditions qui justifient l'exception au régime prohibitif, ou de la confiscation avec amende de 100 francs seulement, si la déclaration avait eu pour but de faire exempter de la consignation une voiture reconnue comme devant y être soumise. Il est recommandé, toutefois, d'appliquer les dispositions sur la législation en matière de voitures, avec toute la réserve convenable. (*Lettre de l'admin. au direct. de Dunkerque, du 1er octobre* 1838.)

PÊCHE DE LA MORUE.

Avitaillement des navires.

853—1361. Les légumes verts embarqués pour l'approvisionnement des équipages, à bord des navires français allant à la pêche de la morue, peuvent être salés à bord même du bâtiment avec une portion du sel livré en franchise pour la pêche. La déclaration d'embarquement doit énoncer l'intention manifestée par l'armateur ; le service surveille ensuite cette préparation. Les légumes verts ainsi préparés ne peuvent plus être débarqués. (*Lettre de l'admin., du 2 septembre* 1837.)

RETOUR DE LA PÊCHE.

Entrepôt.

854—295 *des Suppl.* Les morues séchées à Terre-Neuve ou à Saint-Pierre et Miquelon, destinées à être entreposées pour être ensuite réexpédiées aux colonies, peuvent être emboucautées à bord des navires avant d'être mises à terre, à la condition, 1° que l'emboucautage aura lieu sous la surveillance des préposés et avec le concours de courtiers appelés, par les réglements, à constater la bonne qualité du poisson; 2° que ces opérations se feront sur le pont même du navire, hors de l'entourage d'objets encombrants.

Lorsque l'exportation ne s'effectue pas immédiatement, les boucauts sont transférés dans un magasin à double clef, d'où ils ne peuvent être extraits qu'au moment de leur embarquement pour les colonies, ou pour être expédiés sur un autre port, sous les conditions prescrites par l'article 5 de l'ordonnance du 2 septembre 1836; autrement il y a lieu, lors de leur sortie d'entrepôt, à procéder à une nouvelle vérification. (*Lettre de l'admin., du 2 décembre* 1837.)

855—296 *des suppl.* Les propriétaires qui, d'après l'ordonnance du 2 septembre 1836, ont mis leurs morues en entrepôt au retour de la pêche, dans l'intention de les réexpédier, avec prime, aux colonies françaises, peuvent extraire de leurs magasins une partie de ces morues pour les livrer à la consommation. La portion qui n'a point été déplacée de l'entrepôt conserve ses droits au bénéfice de la prime supérieure, si la réexpédition de cette portion a lieu ultérieurement aux conditions voulues. Dans tous les cas, les morues extraites de l'entrepôt ne peuvent plus y être réadmises. (*Lettre de l'admin., du 30 janvier* 1838.)

BOISSONS.

Circulation.

856—1424. Lorsque les préposés des douanes, à la frontière ou dans un port, ont saisi des boissons pour contravention aux lois qui régissent leur service, ces boissons peuvent être conduites au bureau des douanes le plus voisin, même après avoir été provisoirement déposées à leur corps-de-garde, sans qu'il soit nécessaire de lever une expédition de la régie. (*Lettre du direct. de l'admin. des contrib. indir., du* 23 *août* 1838.)

TABACS.

Importation. — Provisions de voyage.

857—635 *des supp.* Les restes de provisions de route dont les voyageurs, les passagers et les marins sont porteurs à leur arrivée en France, et qui sont admis dans un certain nombre de bureaux de douane, en acquittant les droits pour le compte de la régie (*Circ. n°* 1616), peuvent être désormais reçus dans tous les bureaux de douane de première ligne de la frontière de terre, et dans ceux qui sont placés dans les ports. (*Décis. admin. circ. du* 24 *avril* 1838, *n°* 1684.)

Exportation.

858—1438 *bis.* Les tabacs fabriqués que la régie vend à de simples particuliers, ou à des spéculateurs, pour l'exportation avec prime, ne peuvent sortir de France que par les seuls bureaux ouverts à l'entrée des marchandises payant plus de 20 francs par 100 kilogrammes. (*Tarif, note* 347 *et circ. du* 11 *juillet* 1838, *n°* 1695.)

Nota. Il existe quelques exceptions que la note du tarif indique.

La restriction établie par l'article précédent ne s'applique pas, toutefois, aux tabacs achetés dans les bureaux de débit de la régie au prix payé par les consommateurs regnicoles ; ils peuvent sortir par tous les bureaux indistinctement. Leur transport est d'ailleurs soumis, d'après l'article 215 de la loi du 28 avril 1816, aux formalités ci-après :

Tabacs revêtus des marques et vignettes de la régie.

Jusques et y compris 10 kilogrammes, la circulation est libre et n'exige aucune expédition.

Au dessus de 10 kilogrammes, un acquit-à-caution doit accompagner les tabacs.

Au dessous d'un kilogramme, le transport est libre, si la nationalité des tabacs n'est pas douteuse.

Tabacs en garenne, sans marques ni vignettes.

De 1 à 10 kilogrammes, ils doivent être accompagnés d'un laissez-passer.

Au dessus de 10 kilogrammes, ils sont l'objet d'un acquit-à-caution (*Circ. du* 11 *juillet* 1838, *n°* 1695.)

Répression de la fraude.

859—1443. Les tabacs de contrebande sont recherchés et doivent être saisis *à la requête de l'administration des douanes*, lorsque l'introduction est flagrante. L'actualité de l'importation résulte des circonstances suivantes : 1° Quand les préposés ont *vu* les porteurs franchir la frontière pour pénétrer dans l'intérieur (*cir. du* 18 *mai* 1820, *n°* 565); 2° Quand le tabac saisi, en quelque lieu et à quelque distance que ce soit, mais toujours dans l'étendue du rayon frontière, est revêtu de vignettes étrangères (*circ. précitée*) ; 3 Quand le porteur a fait l'*aveu* de l'introduction frauduleuse (*circ. du* 18 *septembre* 1837, *n°* 1649.) Dans tous les autres cas, la contravention rentre sous l'application des lois spéciales à l'administration des contributions indirectes. Sur les frontières *de mer*, les préposés ne peuvent saisir les tabacs à la requête de l'administration des douanes, qu'autant qu'ils ont été témoins de la tentative de versement. (*Lettre admin. du* 19 *novembre* 1838.)

860—1443. Les tabacs quoique *revêtus de marques étrangères*, qui sont trouvés *hors du rayon* frontière, sont saisis à la requête de l'administration des contributions indirectes, malgré l'aveu de l'importation frauduleuse ou la présence des marques de fabrication étrangère. (*Lettre admin. du* 26 *février* 1838.)

861—1448. Lorsque l'administration des contributions indirectes accorde, en exécution de l'article 4 de l'ordonnance du 31 décembre 1817, aux préposés qui ont saisi des tabacs, des indemnités pour la plus-value de ces tabacs, ces indemnités sont soumises aux prélèvements faits au profit de la caisse des retraites et du trésor. La répartition pour les indemnités de l'espèce, a lieu entre l'indicateur, le trésor, la caisse des retraites et les saisissants. (*Lettre de l'admin. à l'insp. de Paris du* 17 *août* 1838.)

ARMES.

Pistolets de poche importés.

862—1455 *bis*. On peut admettre au transit, dans les ports et bureaux qui sont ouverts à ce mode d'expédition, les pistolets de poche que le commerce importe de l'étranger. Ces armes sont expédiées sous acquit-à-caution sur le lieu où elles doivent être conduites. (Voir *résumé n°* 1456). Il est donné immédiatement avis au ministre de l'intérieur, par les directeurs, des expéditions de transit qui s'effectuent; dans cet avis on doit indiquer le nombre de pistolets, la date et le numéro de l'acquit-à-caution, ainsi que le point de sortie ou d'entrepôt sur lequel les armes sont dirigées. (*Déc. minist. transmise par la circ. du* 7 *août* 1838, *n°* 1704.)

863—1455 *ter*. Les pistolets de poche peuvent également être admis en entrepôt. (Voir *n°* 816 *des suppl.*) (*Même décis.*)

POUDRES A FEU.

Saisies.

864—1484. Dans les saisies de poudres à feu opérées à l'importation par les préposés des douanes, la confiscation de la marchandise et l'amende de 20 francs 44 centimes par kilogramme de poudre sont les peines qui, d'après la loi du 13 fructidor an 5, sont encourues par les prévenus. (*Lettre admin. au direct. de Strasbourg du* 16 *mai* 1838.)

865—1485. L'arrestation d'une personne surprise effectuant un transport de poudre à feu ne donne pas lieu à l'allocation de la prime de quinze francs accordée par l'article 1er de l'ordonnance royale du 17 novembre 1819. Cette prime est due seulement, lorsque les préposés des douanes arrêtent des ouvriers employés à la fabrication frauduleuse de la poudre; des gardes d'arsenaux, des militaires et des ouvriers ou agents de poudreries qu'ils surprennent vendant ou échangeant de la poudre. (*Loi du* 13 *fructidor an* 5, *art.* 27 *et* 29.)

SALPÊTRE.

866—1485 *bis*. Les salpêtres saisis par les préposés des douanes, et qui sont acquis à l'administration en vertu de jugements définitifs, peuvent être livrés, après une autorisation préalable, à la régie des poudres, lorsque leur placement dans le commerce offre des difficultés ou des inconvénients.

Le prix en est réglé, d'après le titre qui leur a été assigné dans une épreuve faite contradictoirement entre le délégué de l'administration des douanes, le commissaire et l'inspecteur de la raffinerie. (*Lettre de l'admin. au direct. de Perpignan du 2 juillet* 1838.)

LETTRES ET JOURNAUX.

Répartition du produit des saisies.

867—1491 *bis*. Lorsque des préposés des douanes constatent des saisies *de lettres*, par application des lois qui régissent les postes, la sous-répartition des produits a lieu, entre *les chefs et les saisissants*, d'après les règles générales tracées par l'arrêté du 9 fructidor an 5, que rappelle la circulaire du 17 avril 1816, n° 143. Les parts afférentes à ces préposés, doivent être versées en masse dans la caisse des douanes. (*Lettre admin. du* 27 *juillet* 1838 *au direct. de Metz*.)

GRAINS.

Entrepôt.

868—1505. Quand des blés mis en entrepôt fictif sont réexportés, et que leur poids spécifique, ou leur couleur semblent établir des différences d'*espèce*, d'*origine*, ou de *qualité*, avec ceux importés, les commissaires experts institués près du gouvernement par la loi du 27 juillet 1822 sont seuls compétents pour juger si ces différences existent réellement; les tribunaux ne peuvent juger ces appréciations. (*Arrêt de la cour de cass. du* 30 *avril* 1838, *circ. du* 29 *juin suiv.*, *n°* 1693.)

Exportation.

869—1507 *bis*. En cas de changements apportés par la législation au tarif des douanes, l'application du nouveau ou de l'ancien droit sur les grains dont on demande l'exportation se détermine, pour la perception, par le moment où la déclaration a été présentée en douane. (Voir nos 52 et 433.) Si la loi prononce la prohibition, les quantités pour lesquelles il existe une déclaration peuvent être exportées, mais seulement quand l'expéditeur est en mesure, au moment qui précède le rétablissement de la prohibition de sortie, de faire, à la douane, la représentation de ces grains dans le lieu affecté aux vérifications. A défaut de cette présentation, la déclaration est sans valeur, et l'exportation ne peut avoir lieu. (*Lettre au direct. de Brest*, *du* 24 *mars* 1829.)

TITRE XV.

COLONIES ET COMMERCE DE L'INDE.

MARCHANDISES EXPÉDIÉES POUR LES COLONIES.

Mouchoirs de l'Inde.

870—1523. Les mouchoirs de l'Inde, en coton teint en fil, expédiés de France, et dont l'admission *à la Martinique* et *à la Guadeloupe* a été autorisée par l'ordonnance du 25 juillet 1837, doivent acquitter, dans ces colonies, les droits suivants :

Sans apprêt, dits *madras* et paliacats.....	8 fr. » c.	La pièce de huit mouchoirs.
Glacés ou cylindrés à chaud, dits *vandapolam* ou mazulipalam..	4 »	

(*Ordonnance du* 23 *juillet* 1838, *art.* 4.)

Morues.

871—1523. Lorsque des morues séchées à Saint-Pierre et Miquelon, ou à la côte de Terre-Neuve, après avoir été placées en entrepôt en France, sont réexpédiées pour les colonies françaises, elles jouissent de la prime accordée par l'article 2 de la loi du 9 juillet 1836. (Voir *Suppl.*, *n°* 295.) *Ordonn. du* 2 *septembre* 1836.)

Les morues ainsi exportées, sous bénéfice de prime, sont soumises, à leur départ de France, à la formalité du plombage. Celles, au contraire, qui ne sortent pas des entrepôts, et auxquelles, par conséquent, il n'est accordé qu'une prime inférieure, sont affranchies de cette formalité, excepté toutefois dans les ports de rivières désignés par la circulaire n° 731. (*Circ. du* 11 *décembre* 1838, *n°* 1722.)

RETOUR DES COLONIES.

872—1536. Les denrées provenant de Sainte-Marie (île de Madagascar), arrivant en droiture dans un port de France, sont admises au privilége colonial comme si elles provenaient de l'île Bourbon ; elles sont soumises aux mêmes droits. (*Déc. minist. du* 8 *mai* 1838.)

Vérification à l'arrivée.

873—1548. Les excédants de poids, constatés lors du déchargement en France sur les quantités de marchandises exprimées aux acquits-à-caution des colonies, peuvent être admis au privilége colonial, lorsque les circonstances de la navigation, la nature ou l'importance de la cargaison, et les causes probables de cet excédant, écartent toute idée d'abus. Les directeurs, dans ce cas, autorisent l'admission ; dans le cas contraire, ils s'en réfèrent à l'administration. (*Déc. admin. du* 17 *janvier* 1838.)

ILES DE LA SONDE.

Marchandises venant de ces îles.

874—1575. La remise du cinquième des droits d'entrée accordée aux produits naturels, le sucre excepté, importés en droiture par navires français des îles de la Sonde, ou des parties de l'Asie ou de l'Australasie situées au delà des passages formés par ces îles, ne doit être appliquée qu'à ceux de ces produits apportés en droiture des pays situés au-delà des passages et des îles de la Sonde, soit au nord du 3e degré de latitude septentrionale, soit à l'est du 106e degré de longitude est (1). (*Ordon. du* 2 *septembre* 1838, *art.* 1er.)

875—1575. La disposition contenue en l'article qui précède ne s'applique pas aux produits existant en entrepôt au moment de la publication de l'ordonnance du 2 sep-

(1) Ainsi les produits naturels, le sucre excepté, importés sous pavillon national de la Chine, de la

tembre ; ils jouissent du bénéfice de la législation qui était en vigueur au moment de leur arrivée en France; seulement, à leur égard, les délais d'entrepôt accordés par la loi ne peuvent être prorogés. (*Circ. du 13 septembre* 1838, *n°* 1708.)

876—1575. La douane du lieu d'importation doit examiner avec le plus grand soin les livres et les papiers de bord des navires, afin de s'assurer que les marchandises importées proviennent réellement des pays désignés par l'ordonnance, et que le transport en a été effectué en France sans autres escales que celles occasionnées par des cas de force majeure, sauf ce qui a été réglé pour les relâches à l'île Bourbon. (Voir n° 1575.) (*Même circ.*)

TITRE XVI.

SELS.

SELS AVARIÉS.

877—1631. Lorsque des bâtiments chargés de sel sont présentés comme ayant éprouvé des avaries, la demande en réfaction de droits n'est susceptible d'être admise qu'autant que les consignataires, à défaut d'un rapport de mer du capitaine, ont, par leur déclaration faite dans les vingt-quatre heures de l'arrivée du bâtiment, conformément au décret du 11 juin 1806, réclamé la vérification du chargement. La vérification des employés doit porter exactement, dans ce cas, sur l'existence matérielle des traces d'avaries alléguées par les intéressés, et s'ils ne reconnaissent pas ces traces, ils l'établissent par leur procès-verbal de vérification qu'ils notifient tant au capitaine qu'au consignataire, en leur déclarant que des poursuites seront exercées, au bureau de départ, contre les expéditeurs, pour le paiement du droit sur le déficit. (*Déc. admin. du 4 avril* 1838.)

Nota. Le procès-verbal doit être rédigé sur papier timbré et être soumis à l'enregistrement.

POLICE DE CIRCULATION.

878—1676. Lors de la délivrance des congés, ce n'est pas à la douane à déterminer quelle est la route qu'auront à tenir les marchands de sel en traversant le rayon de surveillance fixé par le décret du 11 juin 1806, route que l'expédition dont ils sont porteurs doit indiquer; c'est aux voituriers qu'il appartient de faire connaître les points du rayon par lesquels le transport des sels doit s'effectuer. (*Lettre de l'admin., du* 31 *janvier* 1838.)

ENTREPÔT SPÉCIAL.

879—1725. Les déficits reconnus sur les sels *qui avaient été réintégrés* en entrepôt spécial, et que l'on avait mis en sacs ou en barils, sont affranchis de l'impôt de consommation (voir n° 679 des *Suppl.*). Cette exemption ne peut être accordée, dans tous

---

Cochinchine, comme des Philippines, des Célèbes ou des Moluques, continuent à jouir de la modération des droits, tandis que les mêmes produits arrivant de Batavia, Padang, Samarang, ou autres ports des îles de la Sonde, comme de Singapour et des autres dépendances du Bengale, cessent de participer au bénéfice de cette disposition. (*Circ. n°* 1708.)

les autres cas, qu'autant que les déficits proviennent d'événements de force majeure légalement constatés. (*Déc. admin. du* 25 *avril* 1838.)

SELS DESTINÉS AUX FABRIQUES DE SOUDES.

880—1826. Les sels expédiés pour les fabriques de soudes, que l'on soumet, dans les lieux de départ, à un premier mélange, pour en rendre l'usage impossible pour les besoins domestiques, peuvent être mélangés indistinctement avec le goudron provenant soit de la carbonisation des bois résineux, soit des fabriques d'acide pyroligneux, soit des usines de gaz hydrogène. (*Circ. du* 16 *octobre* 1838, *n°* 1714.)

TITRE XVII.

CONSTATATION DES DÉLITS ET CONTRAVENTIONS.

RÉDACTION DES RAPPORTS.

Responsabilité des maîtres pour leurs domestiques.

881—1883. La responsabilité des maîtres pour les faits de leurs domestiques est absolue; la modification établie par le Code civil, pour le cas où celui qu'elle atteindrait justifierait qu'il n'a pu empêcher le fait incriminé, ne s'applique qu'aux pères et mères instituteurs et artisans, et nullement aux maîtres et commettants. (*Arr. de cass. du* 25 *novembre* 1813; *lett. de l'admin. au directeur de Boulogne du* 9 *juillet* 1838.)

Guides ou éclaireurs.

882—1886. Dans les importations frauduleuses que constatent les préposés des douanes, les individus qui servent de guides ou d'éclaireurs aux contrebandiers, sont passibles des mêmes peines que ces derniers, même lorsqu'ils ne porteraient personnellement aucune charge de fraude. (*Jug. du Tribun. correct. de Lille du* 20 *juin* 1838.)

Moyens de transport.

883—1898. Lorsqu'il est reconnu qu'une fraude constatée par procès-verbal est d'une très minime importance, et qu'en raison de cette circonstance le cas est évidemment graciable, les chefs de service, lorsqu'ils en ont reçu la délégation expresse du directeur, sont autorisés à remettre purement et simplement au contrevenant le navire ou tout autre moyen de transport frappé de saisie. Il est immédiatement rendu compte par les directeurs, à l'administration, des affaires de l'espèce. (*Lett. admin. du* 24 *mars* 1838.)

884—1899. Les chevaux de poste qui servent au transport d'un objet de fraude ne peuvent, en cas de saisie faite par la douane, être retenus, lorsqu'il est bien reconnu qu'ils appartiennent à un maître de poste. (*Lett. admin. du* 30 *octobre* 1838.)

Affirmation.

885—1930. Lorsqu'une saisie a été accompagnée de divers incidents auxquels ont concouru plusieurs préposés, le procès-verbal doit être affirmé par autant de fois *deux préposés* qu'il y a de faits distincts auxquels des préposés différents ont pris part. (*Lett. admin. du* 8 *novembre* 1838.)

Inscriptions de faux.

886—706 *bis des Supp.* Un prévenu qui a fait défaut à la première audience indiquée par la sommation de comparaître, et qui, après avoir formé opposition au jugement rendu sur le fond, défère à la nouvelle citation qui lui est donnée, n'est plus à temps pour former valablement sa déclaration d'inscription de faux contre un procès-verbal de saisie rédigé à sa charge. (*Arr. de cass. du* 9 *mai* 1838; *circ.* n° 1691.)

VENTE DE MARCHANDISES SUJETTES A DÉPÉRISSEMENT.

887—1967. Dans le cas où un juge de paix, ayant annulé une saisie *sur inconnus*, se refuse à donner l'autorisation de vendre une marchandise *sujette à dépérissement* (les bestiaux sont dans ce cas), cette marchandise doit être vendue, alors même qu'un premier jugement frappé d'appel en aurait donné main-levée, après un délai de huitaine et l'annonce affichée tant à la porte de la maison commune qu'à celle du bureau. Toute opposition est non recevable. (*Lett. admin. du* 17 *octobre* 1838.)

MARCHANDISES DE SAISIES RÉEXPORTÉES.

888—1971. Lorsque des marchandises prohibées, provenant de saisies, sont vendues à charge de réexportation, cette réexportation, soit que la vente ait lieu dans des bureaux de deuxième ligne ou intermédiaires, soit qu'on la fasse dans les bureaux de première ligne, doit toujours être assurée par un acquit-à-caution. Cette expédition, dans le premier cas, est déchargée au bureau de première ligne, après la vérification des marchandises et l'attestation de leur passage à l'étranger. Dans le second cas, la soumission est annulée après que les préposés ont donné leur certificat de réexportation. L'escorte des objets à réexporter ne doit, au surplus, avoir lieu que depuis le bureau de première ligne jusqu'à l'extrême frontière. (*Circ. du* 3 *février* 1825, *n°* 904, *et* 15 *février* 1838, *n°* 1670.)

PROCÉDURE.

Droit d'enregistrement.

889—2003. Le jugement par lequel un juge de paix se déclare incompétent pour connaître d'une contravention de douanes qu'il suppose devoir être déférée à la juridiction correctionnelle, n'est passible que du droit fixe d'enregistrement d'un franc, comme pour tous les jugemens en matière de douanes. (*Déc. du direct. gén. de l'Enreg. du* 2 *juin* 1838; *lett. admin. du même jour.*)

Frais de procédure.

890—2012 *bis.* Dans les affaires que l'administration des douanes est appelée à soutenir devant les tribunaux en matière de douanes, les honoraires accordés aux avocats qu'elle emploie, ne peuvent jamais tomber à la charge de la partie adverse qui succombe. (*Code de procéd. et lett. admin. du* 6 *octobre* 1838.)

Exécution des jugements.

891—2034. Pour que la contrainte par corps puisse, *en matière civile*, être exercée par la douane, il n'est nullement nécessaire que le jugement de condamnation en ait fixé la durée.

La contrainte par corps peut, d'un autre côté, être exercée pour l'exécution d'un jugement, alors même qu'elle n'est pas prononcée. (*Loi du* 22 *août* 1791, *tit.* 12; *lett. admin. du* 12 *avril* 1838.)

TRANSACTIONS.

892—1993. Les dispositions relatives au mode de conclusion provisoire, de présentation, de ratification définitive et d'exécution des transactions en matière de saisies, sont réglées comme il suit :

Transactions provisoires.

Toutes les fois que les chefs locaux ont jugé à propos ou ont été chargés d'admettre un prévenu à transiger, le receveur, dans le cas où le prévenu n'aurait pas déjà souscrit une obligation cautionnée de s'en rapporter à la décision de l'administration, doit passer avec celui-ci un acte énonçant les conditions de l'arrangement respectivement consenti. Cet acte, dont un double reste entre les mains du receveur, et dont l'autre est remis au prévenu, énonce qu'en cas de rejet de la transaction par l'administration, les clauses provisoirement adoptées seront considérées comme non-avenues, et que les parties rentreront respectivement dans tous leurs droits tels qu'ils existaient au moment de la signature de l'acte provisoire.

La réalisation des conditions d'un arrangement provisoire doit d'ailleurs être valablement assurée, soit au moyen d'une consignation immédiate en argent, soit au moyen d'un acte séparé de cautionnement donné par une personne notoirement solvable. Les receveurs qui négligent de remplir ces formalités indispensables, et, suivant les cas, les autres chefs qui ne font pas rectifier d'office cette irrégularité, sont rendus personnellement responsables, soit du non-accomplissement des conditions de l'arrangement, soit du non-recouvrement ultérieur des condamnations exigibles. (*Circ. n*° 752.)

892 *bis*. Les offres des prévenus doivent être relatées dans l'ordre suivant : 1° le remboursement des frais ; 2° (s'il y a lieu) l'abandon des marchandises, ou celui de la somme de.... qui aurait été originairement consignée pour en obtenir la main-levée provisoire, ou enfin le paiement d'une somme de..... pour tenir lieu de la confiscation ; 3° le paiement d'une somme de..... pour tenir lieu de l'amende, décime compris ; 4° (s'il y a lieu) l'abandon des moyens de transport, ou celui de la somme de... . qui aurait été originairement consignée pour en obtenir la remise provisoire, ou enfin le paiement d'une somme de..... pour tenir lieu de cette partie des condamnations. Lorsque le montant des frais est connu, on l'énonce, et l'état détaillé en est produit à l'appui (on aura soin d'y comprendre toujours ceux de l'acte même de transaction). Dans le cas où ce montant n'est pas encore complétement connu au moment de la signature de l'acte, cette clause est remplacée par la mention qu'une somme (jugée suffisante pour couvrir ces même frais) a été déposée entre les mains du receveur, ou que le prévenu a fourni bonne et valable caution d'en acquitter le montant à liquider. On doit d'ailleurs avoir toujours soin, dans le cas d'une consignation réelle, de faire souscrire au déposant l'obligation cautionnée de parfaire, s'il y a lieu, la somme des frais à rembourser, comme en même temps le receveur s'oblige pour l'administration à restituer la somme restée libre sur celle consignée après imputation de ces mêmes frais. *L'abandon des marchandises saisies* ne doit être stipulé que dans le cas où la contravention est de nature à entraîner, soit la confiscation d'un objet de fraude, soit le paiement d'une somme spécialement destinée à en représenter la valeur. Si d'ailleurs cet *abandon* n'est point une

des conditions de l'arrangement, on énonce qu'il est donné main-levée de la marchandise, soit purement et simplement, soit sous la condition de la *réexportation*, soit sous celle de l'acquittement du droit, soit enfin sous celle de la mise en entrepôt. Les sommes offertes par le prévenu doivent toujours être énoncées en toutes lettres et en chiffres, et l'on ne doit, dans aucun cas, se borner à les indiquer par le rapport qu'elles pourraient avoir avec la condamnation (*le quart, le tiers, etc., Circ. n°* 1029.)

Exécution provisoire des transactions.

On ne peut remettre les objets saisis *avant* la ratification de la transaction par l'administration supérieure, qu'autant que l'on a garanti la rentrée éventuelle de la valeur intégrale, soit par une consignation préalable, soit par un acte de cautionnement en forme. Les directeurs et chefs de service conservent, toutefois, la faculté d'autoriser dans certains cas *essentiellement graciables*, la main-levée *sans caution* des moyens de transport, et notamment des navires dont la saisie ne devrait pas, en définitive, être maintenue.

Formation et envoi des feuilles de renseignements.

Dès que les conditions provisoires d'une transaction ont été arrêtées, le receveur en résume les clauses sur une feuille d'avis et de renseignements (Série E, n° 76 A), et fait mettre immédiatement cette feuille en circulation, afin qu'elle soit annotée par chacun des chefs appelés à donner des renseignements.

Les lieutenants d'ordre et les contrôleurs de brigades n'ont point *d'avis* à émettre sur les conditions de la transaction. Ils doivent se borner à donner les renseignements qu'ils ont recueillis sur les facultés pécuniaires et les habitudes de fraude des prévenus, et sur les circonstances particulières des contraventions. (*Circ., n°* 1437.)

Intervention du directeur.

Aussitôt que la feuille d'avis et de renseignements dûment remplie est parvenue au directeur, ce supérieur réfère de la transaction à l'administration et donne ses conclusions *motivées*, soit pour l'adoption, soit pour la modification, soit enfin pour le rejet de l'arrangement provisoire. Il s'assure préalablement, d'ailleurs, que la réalisation de l'arrangement est dûment garantie selon la prescription rappelée au § 1ᵉʳ ci-dessus. (*Circ. manusc. du* 16 *septembre* 1831.)

Propositions à l'administration.

Si l'affaire est simple et ne comporte pas de développements étendus; si elle n'a donné lieu à aucune réclamation; s'il n'existe aucun dissentiment notable, quant à leurs conclusions respectives, entre le directeur d'une part, et les chefs de la localité de l'autre; et si, dans tous les cas, le chiffre total des condamnations légalement encourues n'atteint pas 3,000 francs, cas dans lequel il doit en être référé au ministre (la valeur des moyens de transport ne contribue pas à former ce maximum), le directeur peut en rendre compte par l'état collectif de quinzaine. (*Modèle série E, n°* 76.)

Dans tous les cas autres que ceux prévus au paragraphe qui précède, le directeur rend un compte spécial de l'affaire et de la transaction.

Forme des propositions des directeurs.

Dans l'une comme dans l'autre hypothèse, le directeur doit joindre à sa proposition:

1° une copie du procès-verbal, ou rappeler la date de la lettre par laquelle il a précédemment adressé cette pièce à l'administration; 2° la feuille d'avis et de renseignements (*série E, n° 76, A*); 3° la copie de l'acte de transaction provisoire. Le directeur doit toujours indiquer, en regard de sa proposition, si elle a lieu par état collectif, ou, à la fin de sa lettre, s'il traite l'affaire séparément, le montant des condamnations légalement exigibles et le chiffre de la valeur estimative des objets de fraude. (*Circ. n°s* 61, 882 *et* 1029.)

Les propositions des directeurs pour l'affectation définitive des produits de la transaction doivent être formulées dans les termes et d'après les règles suivantes :

1° Le remboursement des frais montant à..... (le chiffre doit en être établi. *Circ. manuscr. du 7 avril* 1838);

2° L'abandon des marchandises, s'il y a lieu;

3° Le paiement d'une somme totale de..... à appliquer, suivant la nature de l'affaire, dans l'ordre suivant :

	fr.	c.
A la prime d'arrestation..............................	»	»
Cette prime n'est imputable sur *le produit* de l'affaire que lorsqu'il n'est pas intervenu de jugement. Dans le cas contraire, elle est acquittée par le trésor. (*Circ. n°* 870.)		
A la confiscation des marchandises (dans le cas où l'abandon n'en aurait pas été stipulé)........................	»	»
A l'amende (décime compris)........................	»	»
Et à la confiscation des moyens de transport..........	»	»

Nota. On doit rappeler *la destination* donnée aux marchandises dont il a été fait main-levée, et, s'il y a une somme à restituer, en préciser le chiffre.

Décime additionnel. Moyens de transport.

Toutes les fois que les moyens de transport ont été abandonnés *en nature*, ou que la remise en a été faite *sous consignation* de leur valeur, le produit de cet abandon, ou de cette consignation, n'est jamais dans le cas de supporter le prélèvement du décime, alors même que l'amende n'a pas été intégralement recouvrée.

Les sommes qui, dans quelques contraventions, représentent la confiscation des marchandises qui en font l'objet (telle que l'amende égale à la valeur d'un objet omis au manifeste) ne sont pas non plus assujéties au prélèvement du décime.

Quittances à délivrer aux parties.

Il ne doit jamais être délivré aux prévenus admis à transiger d'autres quittances provisoires ou définitives que celles qui font l'objet du registre à souche série E, n° 71 *b*. Dans le cas où la partie se refuse à acquitter le prix du timbre de cette quittance, il est procédé ainsi qu'il a été réglé par la circulaire du 1er juillet 1838, n° 1699.

Enregistrement des transactions.

Tous les actes de transaction définitive passés *avant jugement* doivent être soumis à l'enregistrement; mais cette formalité n'est pas nécessaire, si la confiscation de l'objet de fraude a déjà été prononcée par un jugement définitif. (*Circ. n°* 1352.) Le droit à percevoir pour l'enregistrement des *transactions* est, dans tous les cas, fixé à *un franc*. (*Circ. n°* 1379.) (*Circ. du* 11 *octobre* 1838, *n°* 1713.)

Les transactions passées avec les prévenus en matière de saisie de sels peuvent être produites par copie à l'appui du compte d'année. Les originaux sont conservés, afin de se réserver le moyen d'établir la récidive en cas de nouvelles poursuites. (*Circ. de la compt. gén. du* 10 *janvier* 1838.)

Préposés indicateurs.

893—2036. Dans les saisies opérées par les préposés, à la suite d'avis qu'eux-mêmes ont donnés, on ne peut leur allouer un accroissement spécial de part à celle qu'ils reçoivent comme *saisissants*. La répartition où ils sont portés, comme saisissants, ne peut les comprendre en même temps comme transmetteurs d'avis. (*Lett. admin. du* 13 *novembre* 1838.)

894—2036. Dans la répartition du produit des saisies, le préposé des douanes qui a reçu *directement* un avis, et qui l'a transmis aux employés qui ont effectué la saisie, est seul admis à jouir d'une part de saisissant. Un chef, servant d'intermédiaire pour la communication de cet avis, n'a aucun droit dans le partage du produit. (*Lettre admin. du* 16 *mai* 1838.)

TITRE XVIII.

OBLIGATIONS PARTICULIÈRES DES EMPLOYÉS ET AVANTAGES DONT ILS JOUISSENT.

SAUVE-GARDE DES EMPLOYÉS.

895—2095. Lorsque par un procès-verbal, d'ailleurs régulier dans la forme, les préposés des douanes ont constaté un fait de simple opposition à l'exercice de leurs fonctions, dans le cas prévu par l'article 2 du titre 4 de la loi du 4 germinal an II, leur rapport fait foi jusqu'à inscription de faux, comme tous ceux rédigés *en matière de douanes*. (*Arr. de cass. du* 29 *août* 1838; *circ. du* 3 *octobre* 1838, *n°* 1712.)

896—2095 *bis*. Si l'opposition à l'exercice des fonctions des préposés est accompagnée de *violences et voies de fait* de nature à constituer le délit de rébellion, le tribunal correctionnel devant lequel l'affaire est portée, à raison de la connexité de cette opposition avec la rébellion, est compétent pour prononcer, *sur la demande de l'administration*, l'amende de 500 francs édictée par l'article 2 du titre 4 de la loi du 4 germinal an II. (*Arr. de cass. du* 8 *décembre* 1837; *circ. du* 3 *octobre* 1838, *n°* 1712.)

897—2095 *ter*. Un tribunal correctionnel, qui reconnaît et punit des peines écrites dans la loi générale, l'existence d'un délit de *voies de fait* commises sur un préposé des douanes en fonctions, reconnaît par là le délit d'*opposition aux fonctions* de ce même agent; il y a lieu dès lors à l'application de l'amende de 500 francs, amende dont la poursuite, à titre de réparation civile, appartient à l'administration des douanes. (*Arr. de cass. du* 1er *décembre* 1838; *circ. du* 26, *n°* 1726.)

898—2097. Un juge de paix, auquel on défère un procès-verbal de *rébellion*, peut appliquer l'amende de 500 francs prononcée par la loi pour le cas de *simple opposition* aux fonctions des préposés, s'il résulte suffisamment des explications données par les rédacteurs du procès-verbal que le fait incriminé n'a réellement que ce dernier caractère. (*Jug. du Trib. civil d'Ajaccio du* 2 *août* 1838.)

Préposés reçus dans les hôpitaux.

899—2106 *bis*. Lorsque des préposés des douanes, brigadiers et sous-brigadiers, étant malades, sont admis dans les hôpitaux militaires, le prix de la journée de traitement qu'ils ont à payer à leur sortie est basé sur le prix payé par les militaires pendant le trimestre qui a précédé celui pendant lequel ils ont été reçus dans l'établissement. (*Régl. sur les hôpitaux du* 1er *avril* 1831; *lett. de l'admin. du* 31 *mars* 1838.)

Arrestations de fraudeurs.

900—2120. La gratification de 5 à 30 francs (selon les cas), allouée pour l'arrestation des fraudeurs par la décision ministérielle du 12 juillet 1816, n'est accordée qu'autant que les fraudeurs arrêtés ont été condamnés par jugements passés en force de chose jugée, ou qu'il est intervenu sur l'affaire un arrangement définitif. Les pièces à produire à l'appui des demandes d'allocation sont : *la copie du procès-verbal, la copie de l'extrait, soit du jugement de confiscation, soit de la décision approbative d'une transaction dans laquelle il aurait été positivement stipulé que la gratification serait payée, et enfin la quittance des préposés.* (*Circ. du* 8 *octobre* 1833, *n°* 1405.)

901—2120. Les receveurs ne doivent pas attendre, pour demander le paiement des gratifications, l'entière conclusion de chaque affaire; les demandes doivent être formées aussitôt qu'il a été possible de réunir les pièces exigées pour la justification du paiement. (*Même circ.*)

TITRE XX.

MATÉRIEL.

IMMEUBLES, EMBARCATIONS ET OBJETS MOBILIERS.

902—2124. Il est établi, dans chaque direction, des feuilles destinées à présenter: 1° les immeubles appartenant à l'état dont l'administration a la jouissance; 2° les immeubles appartenant à des particuliers et qui sont tenus à bail ; 3° les embarcations ; 4° les meubles et ustensiles affectés au service des bureaux; 5° ceux affectés au service des corps-de-garde ; 6° le mobilier des casernes.

Ces feuilles, formées en triple expédition, dont une reste entre les mains du receveur ou du contrôleur chargé de la conservation de ces propriétés immobilières ou mobilières, indiquent la nature de la propriété; celle du titre en vertu duquel on en jouit; le prix de construction, ou d'achat, ou de loyer, et elles présentent les dépenses successivement faites pour réparations, entretien, remplacement, etc. (*Circ. du* 18 *septembre* 1838, *n°* 1709.)

903—2124 *bis*. Les meubles et ustensiles affectés au service *des bureaux* sont placés sous la garde des receveurs ; les embarcations et les objets mobiliers dépendant des *corps-de-garde* et des *casernes* sont sous la responsabilité des contrôleurs de brigades.

Chaque fois qu'il y a mutation parmi ces employés (1), il doit être fait en leur présence et celle de l'inspecteur (ou sous-inspecteur) un récolement général de l'inventaire. Une copie du procès-verbal constatant les résultats de ce récolement est immédiatement adressée à l'administration. (*Circ. du* 18 *septembre* 1838, *n°* 1709.)

904—2130. Lorsque des travaux ou fournitures autorisés par l'administration ont été effectués dans les postes de douanes sous la surveillance immédiate des lieutenants principaux ou d'ordre, ces employés sont appelés à donner, sur les devis ou mémoires, leur certificat de bonne confection ou de livraison, indépendamment de celui que fournit le contrôleur ou le capitaine de brigades en sa qualité de chef de service. (*Lettre de l'admin., du* 18 *janvier* 1838.)

Transports des impressions et des fournitures de plombage.

905—2136. Les frais alloués pour les transports des impressions de douanes et des fournitures de plombage de Paris dans les départements sont ceux réglés par l'adjudication faite en conseil d'administration le 3 juillet 1838. Ils sont établis jusqu'au 30 juin 1841, à raison d'un prix *ferme* pour chaque chef-lieu de direction, et au taux de 2 fr. 75 c. pour cent kilogrammes et cent kilomètres de distance pour les autres destinations. (*Circ. du* 14 *juillet* 1838, *n°* 1697.) (Voir le tableau joint à cette circulaire.)

Circulaires de l'administration.

906—2137. Les lois et les arrêts transmis par l'administration à une époque postérieure à leur date doivent être classés dans le volume auquel ils appartiennent, et chaque volume ainsi complété doit être relié. Les inspecteurs et les contrôleurs de brigades ont à s'assurer, dans leurs divisions respectives, que les prescriptions de l'administration pour la conservation des collections officielles ne sont pas négligées. (*Circ. du* 23 *juin* 1838, *n°* 1692.)

Vieux plombs.

907—2137 *bis*. Les plombs dont il a été fait usage en douane, et qui, lors des vérifications, sont retirés des colis sur lesquels ils ont été apposés, ne peuvent être remis aux propriétaires ni consignataires. Ils sont déposés chez les receveurs; ceux-ci les conservent jusqu'au moment où ils sont livrés à la fonte pour être vendus. Cette vente a lieu en présence du sous-inspecteur des douanes, à la diligence du receveur, soit par criée, soit par courtage ou sur offres écrites. (*Déc. admin. des* 27 *février* 1822 *et* 4 *août* 1838, *et Lettre admin. du* 27 *août* 1838.)

L'emploi en recette, dans les comptes du receveur, du prix de la vente de ces vieux plombs, doit être justifié par des copies authentiques des procès-verbaux de vente. (*Déc. minist. du* 4 *août* 1838, *et Lettre admin. du* 27.)

ACHAT DU MOBILIER DES CASERNES, RÉPARATIONS, ETC.

908—2139. Les dépenses relatives à l'achat ou à l'entretien du mobilier des casernes qui excèdent 50 fr., ne peuvent être faites sans l'autorisation préalable de l'administration. On observe, pour la formation des devis, l'établissement des prix, la confection des travaux ou les fournitures, etc., les règles concernant les dépenses faites pour le

(1) Ou en cas de départ de l'un avant l'arrivée de l'autre.

compte de l'état. (Voir *Résumé*, n° 2129, et *Suppl.*, n° 400.) (*Circ. du* 18 *septembre* 1838, *n°* 1709.)

Les directeurs peuvent autoriser les dépenses de casernement qui n'excèdent pas 50 francs, sous l'obligation de remettre à l'administration, à l'expiration de chaque trimestre, un état spécial de ces dépenses. (*Même circ.*)

909—2139. Les retenues à exercer sur le traitement des brigadiers, sous-brigadiers et préposés qui vivent en commun, pour achat de meubles, ustensiles, et pour loyer, sont ou proportionnelles à la quotité des traitements, ou gradués suivant les divers taux d'appointements, et elles sont fixées de manière à éviter toute fraction de 5 cent. (*Circ. du* 3 *novembre* 1838, *n°* 1718.)

910—2139 *bis*. Ne sont assujétis à la retenue du casernement que les employés logés par brigades dans une même maison ou dans plusieurs maisons contiguës. C'est pour ces employés seulement que l'entretien et le loyer des casernes sont à la charge du fonds commun ou *boni*. (*Même circ.* (1).)

911—2139 *ter*. Les retenues effectuées chaque mois pour pourvoir à l'achat et à l'entretien des objets de casernement sont portées en recette au fonds commun ou *boni* de masse, destiné à subvenir aux dépenses du service de santé et du casernement. (*Circ. du* 3 *novembre* 1838, *n°* 1718.)

912—2139. Des feuilles formées à la direction et déposées chez les contrôleurs de brigades (modèle n° 92 *ter*) indiquent l'espèce et le nombre des meubles et ustensiles affectés aux casernes des préposés. (*Circ. du* 18 *septembre* 1838, *n°* 1709.) (Voir *Matériel*, *Suppl.* n° 902.)

TITRE XXI.

SERVICE DANS LES DÉPARTEMENTS.—BUREAUX.

RECEVEURS PRINCIPAUX.

Saisies-arrêts et oppositions.

913—2172 *bis*. Toutes saisies-arrêts ou oppositions sur les sommes dues par l'état, toutes significations de cession ou transport desdites sommes, et toutes autres ayant pour objet d'en arrêter le paiement, doivent être faites entre les mains des receveurs sur les caisses desquelles les mandats sont délivrés. (*Loi du* 9 *juillet* 1836, *art.* 13.)

Ces saisies-oppositions ou significations n'ont d'effet que pendant cinq ans à partir de leur date; si elles n'ont pas été renouvelées dans ce délai, après cinq ans elles sont rayées d'office. (*Même loi*, *art.* 14 *et* 15.)

Nota. Celles faites antérieurement à la loi ont dû être renouvelées dans l'année.

(1) La retenue de casernement en raison du taux des appointements tend à rendre les charges à peu près égales pour tous les employés casernés, sans égard aux différences qui existent dans les divers locaux qu'ils occupent, soit comme garçons, soit comme étant mariés. Les hommes mariés ont une chambre par ménage. (*Circ. du* 3 *novembre* 1838, *n°* 1718.)

La prescription quinquennale prononcée par l'article qui précède est applicable aux saisies-arrêts ou oppositions ayant pour objet d'arrêter le paiement des sommes versées à la caisse des dépôts et consignations et à celle de ses préposés (1). (*Loi du 8 juillet 1837.*)

914—2172 *bis.* La partie saisissable des *appointements* ou *traitements* et des sommes *qui en tiennent lieu* est versée d'office, chaque mois, à la caisse des consignations, par les receveurs principaux (2). Aucun autre dépôt des sommes ordonnancées ou mandatées n'est effectué que dans les cas suivants :

1° Lorsqu'il a été autorisé par une loi ;

2° Lorsqu'il a été prescrit par un jugement ou une ordonnance du président du tribunal ;

3° Lorsqu'il a été autorisé par acte passé entre l'administration et ses créanciers. (*Arrêté minist. du 24 octobre* 1837.)

Le dépôt, dans tous les cas, doit être accompagné d'un extrait certifié de chacune des oppositions et significations existantes et frappant les sommes déposées.

Cet extrait contient les noms, prénoms, qualités et demeures du saisissant et du saisi ; l'indication du domicile élu par le saisissant ; le nom et la demeure de l'huissier, la date de l'exploit et le titre en vertu duquel la saisie a été faite ; la désignation de l'objet saisi, et la somme pour laquelle la saisie a été formée. (*Même arrêté.*)

Le récépissé délivré par la caisse des dépôts ou par ses préposés doit toujours être accompagné d'un reçu particulier constatant la remise des extraits d'oppositions et significations jointes au dépôt.

Pour les versements faits à Paris, le reçu des pièces est remis au conservateur des oppositions, au ministère des finances. (*Même arrêté.*)

Le comptable entre les mains duquel il a été fait des oppositions ou significations est tenu, lorsqu'il en est requis par la partie saisie, de délivrer extrait ou état de ces oppositions ou significations, à charge, par la partie saisie, de fournir le papier timbré. (*Même arrêté.*)

Toute opposition et signification doivent rester déposées pendant vingt-quatre heures au bureau ou à la caisse où elles ont été faites. Elles sont visées sur l'original par le comptable. (*Même arrêté.*)

Les oppositions et significations doivent indiquer les noms, qualités et demeure du saisissant et du saisi, et la somme *pour laquelle la saisie est faite ; plus, désigner la créance saisie* (3).

Elles doivent, en outre, contenir *copie ou extrait du titre du saisissant, ou de l'ordon-*

---

(1) La prescription quinquennale n'est pas applicable aux *significations de cession ou de transport* en ce qui concerne la caisse des dépôts. (*Circ. du 9 mars* 1838, n° 1676.)

(2) Quand une opposition a été suivie, *dans le mois de sa signification,* d'un jugement qui ordonne au détenteur des fonds de payer le créancier, le comptable doit payer par ses mains. (*Circ. du 4 août* 1838, n° 1703.)

Les versements sont effectués à la caisse du receveur des finances, qui en délivre récépissé. (*Circ. de la compt. gén., du 21 décembre* 1837.)

(3) Le saisissant doit indiquer la *nature* de la créance saisie. Cette désignation précise n'est exigée que lorsque l'intérêt du trésor ou celui du service est directement engagé. (*Circ. du 9 mars* 1838, n° 1676.)

nance du juge qui a autorisé la saisie; faute de quoi elles ne sont ni visées ni reçues, et restent sans effet.

Le comptable, dans ce cas, mentionne et motive son refus en marge de l'original.

L'opposition n'ayant d'effet que pour la somme pour laquelle elle est formée, les comptables paient au créancier tout le surplus de la somme ordonnancée et non saisie. (*Même arrêté*.)

L'administration ne peut, en aucun cas, être appelée en déclaration affirmative; ce sont les comptables qui délivrent, lorsqu'ils en sont requis par le saisissant ou autre créancier opposant, un certificat constatant les sommes ordonnancées sur leur caisse et restées dues à la partie saisie (1). (*Arrêté min. du* 24 *octobre* 1837.)

Retenues volontaires.

915—2172 *bis*. Les receveurs peuvent continuer à satisfaire au paiement des dettes des préposés, au moyen d'un prélèvement volontairement consenti et opéré chaque mois sur leurs appointements, pourvu, toutefois, *qu'il n'existe aucune saisie-arrêt juridique à la charge de l'employé*. Les sommes ainsi prélevées sont comprises, en comptabilité, à l'article *Fonds en dépôt*. (*Circ. du* 4 *août* 1838, *n*° 1703.)

Registre des saisies-arrêts.

916—2172 *bis*. Il est ouvert, dans chaque bureau principal, un registre destiné à recevoir la mention des saisies-arrêts et oppositions. Dans la première partie de ce registre, le receveur inscrit les oppositions successivement reçues; dans la seconde, il ouvre un compte à chaque tiers-saisi. (*Circ. du* 9 *mars* 1838, *n*° 1676.)

DÉPENSES PUBLIQUES.

917—2176. Les receveurs principaux sont tenus de hâter la régularisation des créances dues pour appointements, indemnités, parts de saisies, répartition dans le produit de la taxe de plombage, etc., de manière à ce que ces créances soient soldées avant la clôture de l'exercice (avant la fin du neuvième mois de l'année qui suit celle dont l'exercice a pris le nom). Ils ont à signaler aux directeurs, dès le quatorzième mois de l'exercice, les créances restées en souffrance, afin que des démarches puissent être faites pour assurer leur paiement en temps utile. (*Circ. du* 3 *décembre* 1838, *n*° 1721.)

NOTA. Les sommes non payées dans les cinq années qui suivent la clôture de l'exercice sont frappées de la prescription établie par la loi du 29 janvier 1831.

PRODUIT DES AMENDES ET CONFISCATIONS.

918—2176 *bis*. Le produit des amendes et confiscations étant désormais rattaché dans la *comptabilité* aux droits de douanes, les receveurs doivent le faire figurer, sur les sommiers comme sur les bordereaux, au chapitre des *contributions et revenus publics*. Les dépenses imputables sur ce produit continuent de figurer aux dépenses publiques. (*Circ. de la compt. gén.*, *du* 21 *décembre* 1837, *n*° 140.)

---

(1) Ce certificat, qui fait connaître la somme due, et si elle est liquide ou non liquide, doit être rédigé de telle sorte que les indications données ne puissent immiscer le saisissant dans les opérations commerciales d'un négociant. (*Même circ.*)

919—2179 *bis.* Les sommes recouvrées par les receveurs sur les avances de frais judiciaires à la charge des contrevenants, ne peuvent être assimilées aux produits des *amendes* et des *confiscations ;* par conséquent elles ne doivent, dans aucun cas, être confondues avec ces produits.

Lorsque les frais, dont le montant n'a pu être fixé au moment où l'on dresse l'acte d'accommodement, font l'objet d'une consignation, la somme consignée doit être portée provisoirement en recette aux opérations de trésorerie (*Circ. de la compt. gén., du* 1er *septembre* 1838, *n°* 156.)

PRODUIT DU PLOMBAGE ET DE L'ESTAMPILLAGE.

920—2179. Le produit des taxes de plombage et d'estampillage est désormais classé, relativement à la *comptabilité,* dans les *contributions et revenus publics.* Il forme l'article 5 du chapitre 1er de la 1re partie. La répartition de ce produit forme, dans les comptes, l'article 2 du chapitre 4 des dépenses publiques. (*Circ. de la compt. gén., du* 21 *décembre* 1837, *n°* 140.)

921—2176. Il est ouvert dans chaque bureau de douane un registre (n° 64, série E) où l'on fait figurer, jour par jour, la recette du produit des plombs, marques, cachets, estampilles, etc., apposés par les vérificateurs. Le receveur y indique, dans les colonnes à ce destinées, la nature de chaque perception et sa quotité. (*Circ. du* 16 *novembre* 1838, *n°* 1719.)

COMPTE ANNUEL.

922—2179 *bis.* Pour faciliter la rédaction du compte général des finances, il est recommandé aux receveurs principaux de s'abstenir de mettre en dépense, dans le mois de décembre, aucune répartition de produits d'amendes et de confiscations, sauf, dans des cas d'exception, à payer, à titre d'*avances,* les parts revenant aux préposés qui seraient dans le besoin. (*Circ. de la compt. gén. du* 1er *septembre* 1838, *n°* 156.)

NOTA. Quelques changements sont apportés par la circulaire précitée relativement à la production des pièces justificatives des produits.

RÈGLEMENT DES AFFAIRES CONTENTIEUSES.

923—2200. Les quittances que délivrent les receveurs pour le produit des confiscations et amendes (rég. n° 71 B, série E) sont soumises au timbre. Une colonne est ouverte au registre à souche pour recevoir l'inscription du droit de timbre de 5 ou 25 centimes perçus. Si un prévenu ne veut pas retirer sa quittance, la formule est croisée et reste à la souche. Elle doit être biffée de même, s'il s'agit de versements effectués par des receveurs d'autres administrations financières. (*Circ. du* 17 *juillet* 1838, *n°* 1699.)

FEUILLES CONCERNANT LE MATÉRIEL.

924—2201. Les immeubles, les meubles et ustensiles affectés, dans les départements, au service des douanes sont désignés sur des feuilles particulières, déposées chez les receveurs principaux des douanes. (*Voir n°* 902.) Il est prescrit à ces employés de tenir ces feuilles constamment au courant des changements, augmentations et dépenses qui ont successivement lieu. (*Circ. du* 18 *septembre* 1838, *n°* 1709.)

925—2201. Lorsqu'il y a mutation parmi les receveurs, il est fait, en leur présence et celle de l'inspecteur, un récolement général de l'inventaire. Une copie du procès-verbal, constatant les résultats de ce récolement, est immédiatement adressée à l'administration. (*Circ. du* 18 *septembre* 1838, *n°* 1709.)

ÉTATS DE COMMERCE.

926—2202. Dans la formation des états de commerce, les receveurs doivent faire figurer au *commerce général* et au *commerce spécial* les morues sèches, provenant de pêche française, destinées à être exportées dans nos colonies.

L'entrepôt des morues de pêche nationale, ne constituant pas un entrepôt proprement dit, il n'y a pas lieu de faire figurer les mouvements sur les états trimestriels de situation des entrepôts. Il suffit d'en faire mention pour mémoire au pied de ces états.

Les morues livrées à la consommation immédiate sont inscrites à la fois au commerce *général* et au commerce *spécial*. (*Circ. du* 23 *avril* 1838, *n°* 1683.)

TITRE XXII.

SERVICE DANS LES DÉPARTEMENTS. — BRIGADES.

CONTRÔLEURS DE BRIGADES.

Comptabilité du casernement.

927—2252. Les contrôleurs de brigades n'ont pas à inscrire aux livrets des préposés les retenues exercées sur le traitement de ces employés pour frais de casernement. Toutes les retenues sont portées en recette au profit du fonds commun ou *boni* de masse, qui, au moyen de ce supplément, est destiné à subvenir aux dépenses de ce service particulier.

Les retenues, qui sont proportionnelles à la quotité des traitements ou graduées suivant les divers taux d'appointements, sont fixées de manière à éviter toute fraction inférieure à cinq centimes. (*Circ. du* 3 *novembre* 1838, *n°* 1718.)

928—2252. Les contrôleurs de brigades, à qui il a été remis des feuilles (n° 92 *ter.*) présentant les meubles et ustensiles affectés aux casernes de leur contrôle, tiennent ces feuilles au courant des changements, des augmentations, dépenses, etc., qui ont successivement lieu. Au moyen de ces feuilles, il n'est plus fourni d'états périodiques. (Voir *Matériel, supp. n°* 908.) (*Circ. du* 18 *septembre* 1838, *n°* 1709).

Comptabilité du service de santé.

929—2253. Les retenues exercées sur le traitement des préposés pour le service de santé sont comprises sur un état mensuel (modèle A, série E). Elles sont portées en recette au profit du fonds commun ou *boni* de masse, pour subvenir aux dépenses du service médical. (*Circ. du* 20 *novembre* 1838, n° 1718.)

Nota. Les retenues sont proportionnelles à la quotité des traitements, ou graduées d'après le taux des appointements. Il est tenu un registre à la direction où elles sont dépouillées, afin que l'on puisse connaître à toute époque la situation du boni. (*Voir n°* 909 *supp.*)

Matériel appartenant à l'État.

930—2256. Des feuilles (n°s 91 *ter* et 92 *bis*) remises aux contrôleurs de brigades, indiquent les embarcations dépendant du contrôle et les meubles et ustensiles affectés aux corps de garde. (Voir *Matériel*, supp. n° 902.) (*Circ. du* 18 *septembre* 1838, *n°* 1709.)

TITRE XXIII.

AGENTS DE SURVEILLANCE.

Inspection du matériel.

931—2307. Les inspecteurs des douanes ont à s'assurer, dans leurs tournées, que les receveurs et les contrôleurs de brigades, dépositaires des feuilles sur lesquelles sont présentés les immeubles, les embarcations, et les meubles et ustensiles affectés au service des bureaux et à celui des brigades, mentionnent exactement sur ces feuilles les changements, augmentations et dépenses qui ont successivement lieu. (*Circ. du* 18 *septembre* 1838, *n°* 1709.)

TITRE XXIV.

DIRECTEURS.

IMMEUBLES ET MATÉRIEL DE LA DIRECTION.

Immeubles.

932—2320. Les directeurs font établir en triple expédition, dans leurs bureaux, des feuilles présentant : les immeubles appartenant à l'État, et ceux tenus à bail à charge de faire toutes les réparations locatives. (*Voir n°* 902.)

On écrit le premier tableau à l'encre noire et le second à l'encre rouge. L'un et l'autre ont une série particulière de numéros.

Une nouvelle feuille est formée, lorsque l'administration est mise en possession d'une propriété immobilière.

Ces tableaux sont tenus au courant par l'inscription des changements, augmentations, réductions, dépenses, etc., successivement autorisés. Il est recommandé d'y inscrire, en remontant aussi loin que possible, les dépenses qui ont été faites précédemment, en distinguant les exercices sur lesquels elles ont été imputées. (*Circ. du* 18 *septembre* 1838, *n°* 1709.)

Embarcations.

933—2320. Toutes les embarcations dépendant de chaque direction forment une série de numéros. Chacune d'elles porte un nom, celles mêmes de petite dimension. Le numéro de chaque embarcation doit être peint sur la partie la plus apparente de l'intérieur du bâtiment.

Tous les détails relatifs à leur construction, à leur usage, les dépenses pour les réparations successivement faites, etc., sont inscrits sur une feuille (n° 91 *ter.*) dont un double reste entre les mains des contrôleurs de brigades chargés de la conservation desdites embarcations. (*Circ. du* 18 *septembre* 1838, *n°* 1709.)

Nota. L'administration désire que l'on porte sur les feuilles les dépenses précédemment faites, en remontant, avec distinction d'exercices, aussi loin que possible.

Meubles et ustensiles.

934—2320. Il est établi pour chacun des bureaux, corps-de-garde et casernes existant dans la direction, des feuilles (nos 92, 92 *bis* et 92 *ter*) présentant au 1er janvier 1839, dans leur première partie, l'inventaire complet et exact de tous les meubles et ustensiles qui y sont affectés; dans la seconde partie, les dépenses auxquelles donnent successivement lieu l'entretien et le renouvellement des objets mobiliers. La même inscription est faite par les receveurs pour les dépenses concernant les bureaux, et par les contrôleurs de brigades, pour celles relatives aux corps-de-garde et casernes. (*Circ. du* 18 *septembre* 1838, *n°* 1709.)

Comptabilité concernant le casernement et le service de santé.

935—2322. Toutes les opérations relatives aux services de santé et du casernement doivent être comprises dans le compte à rendre pour la masse d'habillement et d'équipement à la Cour des comptes. Il est formé par les contrôleurs de brigades, comme élément de ce compte, un état (modèle A) comprenant, dans des colonnes distinctes, les retenues faites mensuellement aux préposés sur ces trois services. (*Circ. du* 3 *novembre* 1838, *n°* 1718.)

936—2322 *bis*. Les retenues effectuées pour les services de *santé* et de *casernement* sont portées en recette au profit du fonds commun, ou boni de masse, qui, au moyen de ce supplément, doit subvenir à toutes les dépenses applicables à ces deux services. (*Même circ.*)

937—2322 *ter*. Les directeurs font établir un registre spécial sur lequel sont dépouillées chaque mois les recettes et les dépenses effectuées sur le fonds commun ou boni, afin de connaître, à toute époque, la situation de ce boni, situation qu'ils doivent indiquer toutes les fois qu'ils demandent à l'administration l'autorisation nécessaire pour une dépense au dessus de 50 francs. (*Même circ.*)

TABLE DES MATIÈRES.

A

B

C

E

F

G

H

I

T

V

www.ingramcontent.com/pod-product-compliance
Ingram Content Group UK Ltd.
Pitfield, Milton Keynes, MK11 3LW, UK
UKHW021639260726
13994UKWH00003B/1220

9 782329 056623